Friedrich Blass

Ueber die Aussprache des Griechischen

Friedrich Blass

Ueber die Aussprache des Griechischen

ISBN/EAN: 9783742894519

Hergestellt in Europa, USA, Kanada, Australien, Japan

Cover: Foto ©Andreas Hilbeck / pixelio.de

Manufactured and distributed by brebook publishing software (www.brebook.com)

Friedrich Blass

Ueber die Aussprache des Griechischen

Ueber die

Aussprache des Griechischen

von

Friedrich Blass.

(Erweiterter und verbesserter Wiederabdruck aus dem Programm des Naumburger Domgymnasiums von Ostern 1869.)

BERLIN.
WEIDMANNSCHE BUCHHANDLUNG.
1870.

Herr Oberlehrer Scholz ist in der Zeitschrift für Gymnasialwesen, Maiheft 1868, für die reuchlinische oder neugriechische Aussprache des Altgriechischen in längerer Auseinandersetzung eingetreten, mit der ausgesprochenen Absicht, derselben auf unsern Schulen die nach seiner Meinung ihr gebührende Geltung wieder zu verschaffen. Obgleich ich nun nicht eben befürchte, dass die erasmische Aussprache bei uns in Deutschland aus ihrer thatsächlichen Alleinherrschaft durch solche Versuche so leicht wieder verdrängt werden könnte, so scheint es mir doch nicht unzeitgemäss, einmal im entgegengesetzten Sinne das gute Recht der erasmischen Aussprache, welches ja in neuerer Zeit nicht bloss von den Neugriechen selbst, sondern auch von manchen deutschen Gelehrten angegriffen worden ist, nach Kräften zu verfechten.[1]) Herrscht doch bei den Meisten, wie man überall zu beobachten Gelegenheit hat, über diese Fragen eine ausserordentliche Unklarheit: vielen imponirt die im Orient ununterbrochen fortgepflanzte Tradition, andern die aus bekannten Stellen der Classiker hergenommenen alten Beweisgründe der Reuchlinianer, deren Gewicht doch in Wirklichkeit höchst unbedeutend ist; und dagegen haben die Fortschritte der Sprachwissenschaft und die Menge der neu entdeckten Inschriften und sonstigen Urkunden in unsrer Zeit sehr viel Material von ganz anderem Werthe geliefert, dessen Durcharbeitung gleichwohl noch von niemandem unternommen ist.

---

[1]) Eine Entgegnung auf den betr. Aufsatz ist übrigens schon in denselben Blättern, December 1868, von Seiten des Herrn G. Humperdinck in Siegburg erfolgt.

Eine solche eingehende Behandlung aller in Rede stehenden Fragen wird man freilich auch hier nicht finden; nur eine Uebersicht, aus der sich jeder über die wirklich in Betracht kommenden Momente unterrichten kann, habe ich zu liefern beabsichtigt.

Die Frage, wie wir das Altgriechische aussprechen sollen, hat zwei Seiten, eine wissenschaftliche und eine praktische. Was die letztere betrifft, so weiss Scholz sehr wohl, dass seine Sache hier die schwächere ist: wegen der Mühe des Umlernens, wegen der alsdann bedeutend erhöhten Schwierigkeiten beim ersten Unterricht und zumal bei den Exercitien, und was sich sonst noch in der Art anführen lässt. Aber, sagt er, wir müssen das bloss Zweckmässige dem als wahr und richtig Erkannten unbedenklich opfern. Ich stimme bei, mit dem Vorbehalt jedoch, dass, so lange nichts bewiesen ist und so lange ich nicht klar erkenne, ich ruhig dem Zweckmässigen folgen werde. Die Reuchlinianer also mögen beweisen, nicht wir. Und sollen wir es thun, so sind wir dazu weit besser im Stande als jene, wie sich nachher zeigen wird.

Ich bemerke noch in Bezug auf die praktische Seite, dass der Verkehr mit den Neugriechen, der nach Scholz durch die Annahme ihrer Aussprache sehr erleichtert würde — und er hat Recht — mir überhaupt für uns Deutsche gar nicht in Rechnung zu kommen scheint; denn wieviele von uns genössen diesen Nutzen?[1]) Und über den so oder so erreichten grösseren Wohlklang der Sprache, welchen Punkt man auch hieher ziehen kann, denke ich von Herrn Scholz sehr verschieden. Natürlich halten die Neugriechen ihre Aussprache sowohl für

---

[1]) Für die anderen Nationen, und insbesondere für die Franzosen, liegt die Sache allerdings wesentlich anders. Das Studium des Griechischen in Frankreich hat seit Coraës Zeiten immer in enger Verbindung mit den Bestrebungen griechischer Gelehrter gestanden, und gerade gegenwärtig, wo dieses Studium zumal durch die seit 1867 bestehende Association pour l'encouragement des études grecques einen neuen Aufschwung genommen hat, sind auch die Beziehungen beider Länder auf diesem Gebiete so lebhaft wie je: in den Listen der Gründer, Donatoren und Mit-

echt als für schön; denn der nationale Fanatismus glaubt was er glauben will und leugnet was er nicht glauben will, wie ich denn von einem dänischen Bibliothekar weiss, der alles Ernstes jegliche Verwandtschaft seiner Sprache mit der deutschen in Abrede stellte. Ich aber berufe mich in dieser Sache nicht auf mein Ohr, dem das *vassiliii* und *iii* ($\beta\alpha\sigma\iota\lambda\eta\ddot{\iota}\eta$ und $\dot{\iota}\varepsilon\dot{\iota}\eta$) abscheulich klingt, sondern auf einen achtbaren Altgriechen, den Dionysios von Halikarnass, der über den Wohlklang des neugriechischen Lieblingsvokales sagt [1]): $\mathring{\varepsilon}\sigma\chi\alpha\tau o\nu\ \delta\grave{\varepsilon}\ \pi\acute{\alpha}\nu\tau\omega\nu\ \tau\grave{o}\ \iota$. Und deshalb kommen auch im Altgriechischen nicht leicht zwei ι neben einander vor; für $\pi\acute{o}\lambda\iota\iota$ heisst es immer $\pi\acute{o}\lambda\iota$ [2]). Im Neugriechischen wird der Uebelklang vielfältig gemildert: durch den geänderten Wortschatz, durch die Verkürzung der grossen Masse der i, durch die Verlängerung der betonten e und so weiter.

---

glieder jener Gesellschaft finden sich neben den Namen französischer Hellenisten und Freunde Griechenlands die von griechischen Ministern, Gelehrten, Kaufleuten in grosser Zahl. In Zusammenhang damit stehen denn auch die jetzt wieder sehr lebhaft hervortretenden Bestrebungen, in den französischen Schulen an Stelle der gegenwärtig noch herrschenden französisch-erasmischen Aussprache die neugriechische einzuführen. Bereits 1864 legte der Minister des öffentlichen Unterrichts der Akademie die Frage vor, ob eine solche Einführung wünschenswerth sei, und jene Körperschaft bejahte beinahe einstimmig die Frage, keineswegs in der Ueberzeugung von der durchgängigen Richtigkeit der neugriechischen Aussprache, sondern hauptsächlich von jenen praktischen Rücksichten geleitet. Freilich, da der wirklichen Einführung in den Schulen, wie auch die Akademie anerkannte, bedeutende Hindernisse entgegenstehen, so hat die Sache hierbei einstweilen ihr Bewenden gehabt. (Vgl. G. d'Eichthal, de la prononciation nationale du grec et de son introduction dans l'enseignement classique [extrait de l'Annuaire de l'Association pour l'encouragement des études grecques, 3º année 1869], welcher Schrift ich auch sonstige Notizen mehrfach verdanke).

[1]) Dionys. de composit. p. 75 ff. R. Er stellt für die langen Vokale folgende Reihe auf: $\bar{\alpha}\ \eta\ \omega\ \bar{\upsilon}\ \bar{\iota}$. Ganz dasselbe ist auch das Urtheil des Hermogenes (π. $\iota\delta\varepsilon\tilde{\omega}\nu$ *II*, 291 Sp.).

[2]) $\varDelta\iota\iota\pi\acute{o}\lambda\varepsilon\iota\alpha$, was die Hdschr. der Prosaiker häufig bieten, findet sich bei Aristophanes contrahirt (Nub. 984; Pac. 420); für $\varDelta\iota\iota\tau\rho\acute{\varepsilon}\varphi\eta\varsigma$ steht auf einer att. Inschr. des 5. Jhdts. $\varDelta\iota\varepsilon\iota\tau\rho\acute{\varepsilon}\varphi\eta\varsigma$.

Ebenso ist es noch nicht in gleichem Masse schlimm, wenn wir auch im Altgriechischen, wie jene thun, mit dem Accent verkürzen und verlängern. Merkwürdigerweise schweigt Scholz über diesen wesentlichen Punkt. Sagen wir *lĕgō, anthrōpos, lŏgos* u. s. w., so laufen wir wieder Gefahr, für ein neugriechisches Ohr abscheulich zu sprechen; sagen wir *lēgŏ, lōgos*, so ist es mit dem Lesen der Homerverse aus, wie es bei den Neugriechen damit aus ist. Ich denke aber, einem jeden wird die Fähigkeit, den Rhythmus griechischer Verse zu empfinden, mehr begehrungswürdig scheinen, als der erleichterte Verkehr mit den Neugriechen.

Aber um der Sache tiefer auf den Grund zu gehen und auf die wissenschaftliche Erörterung mich einzulassen, so ist zuerst die Behauptung der Gegner zu bestreiten, dass die erasmische Aussprache keinen Boden habe, sondern nichts als Willkür sei. Das Princip, wenn nicht das ursprüngliche des Erasmus, so doch das in der That aufzustellende, ist dies: die griechischen Zeichen sind nach ihrem ursprünglichen und vollen Werte auszusprechen. Das heisst dann wie im Deutschen, indem in unsrer Sprache dasselbe Princip besteht; aber keineswegs ist die deutsche Aussprache als solche massgebend.[1] Der Erasmianer also stellt sich an den Anfang der Entwicklung, der Reuchlinianer ans Ende; an sich ist das Recht des einen so gut wie das des andern. Nun ist es wahr, dass durch den Einfluss der deutschen Sprache und Schrift unsre Aussprache in einzelnen Punkten dem Princip untreu wird, wie in der Gleichsetzung des $\alpha\iota$ und $\varepsilon\iota$ und beim ϑ; aber so schlimme Fehler sind das auch nicht. Eine ganz exakte und genaue Aussprache ist

---

[1] In andrer Weise aufgefasst hat allerdings das erasmische Princip namentlich in England eine solche Corruption der Aussprache herbeigeführt, dass dort dringend Reform noththut: „der gelehrteste Engländer", sagt Mr. Blackie, der in England neuerdings aufgetretene Verfechter der neugriechischen Aussprache, „findet, wenn er auf dem Continente reist, dass sein Griechisch ihm nur zum Selbstgespräch brauchbar ist." Gewiss wäre dort die Einführung der neugriechischen Aussprache ein entschiedener Fortschritt; aber beifallswerther noch sind die Bestrebungen derjenigen, die für beide classischen Sprachen die deutsche Aussprache in England einführen wollen. (Vgl. Eichthal l. c. p. 15.)

bei todten Sprachen überhaupt nicht zu erreichen, nicht einmal, wie dies Diez ausführt[1]), beim Altprovençalischen, von dem doch die lebenden südfranzösischen Dialekte zeitlich gar nicht so weit entfernt sind. Eine andere Auffassung des erasmischen Princips stellt Buttmann namentlich mit Rücksicht auf das η hin: es sei dies die occidentalische Ueberlieferung, die andere Aussprache die orientalische. Wiederum ist dann *a priori* die Berechtigung die gleiche. Will man nun eine Entscheidung treffen, so muss die massgebende Periode festgestellt werden, und diese kann gar keine andre sein als die der Blütezeit der Litteratur, die des fünften und vierten Jahrhunderts. Doch mag man zugeben, dass auch die Aussprache ihr gutes Recht besitze, die sich nach der alexandrinischen Zeit oder immerhin auch der des Augustus und sogar des Hadrian richtet, indem auch damals noch die griechische Litteratur beachtungswerte Leistungen zeigt; aber das ist auch dass äusserste Zugeständniss. Die Sprache eines Homer oder Platon nach derjenigen der Syrer des dritten Jahrhunderts oder der verkommenen Byzantiner umzuwandeln, wäre die reine Barbarei.

Aber, sagen die Neugriechen und ihre deutschen Anhänger, die Byzantiner und ihre heutigen Abkömmlinge sprachen und sprechen in der That gar nicht anders als Platon oder Demosthenes. Scholz setzt mit grosser Ausführlichkeit auseinander, wie die Hellenen sorgfältig das innerste Heiligthum ihrer Sprache, die Aussprache, vor barbarischen Einflüssen bewahrten, da sie ja auch die Formen derselben im wesentlichen erhielten und sogar die Neugriechen des neunzehnten Jahrhunderts nicht allzu verschieden schreiben von den Altgriechen der besten Zeit. Gewiss ist dies eine auffallende und seltsame Erscheinung, aber für unsre Frage nicht im mindesten beweisend. Die neugriechische Schriftsprache und ebenso die byzantinische ist eine künstliche, die ein eben solches Scheinleben führt wie das Lateinische im Mittelalter; in der wirklich lebenden Sprache haben sich auch die Formen des Altgriechischen theils gänzlich ver-

---

[1]) Diez Grammatik der roman. Sprachen I, p. 99.

loren, theils erheblich verändert. Der Dativ, der Dualis, der Infinitiv, das Perfektum, das Futurum, alles gänzlich verschwunden, und wäre nicht der betrügliche Schein der gleich gebliebenen Rechtschreibung und die noch gröbere Täuschung mit der Repristination des Alten in der Schriftsprache, so spränge der Unterschied des Alt- und Neugriechischen noch viel greller in die Augen. Womit soll nun bewiesen werden, dass den Umwandlungen der Laute selbst, denen alle Sprachen erliegen, das Griechische allein sich entzogen habe? Mit der gleich gebliebenen Orthographie? aber um von allem andern noch zu schweigen, Scholz selber gesteht zu, dass das η, das v, das φ in der That ihren Laut verändert haben, und ein viertes und fünftes, was er auch wird zugestehen müssen, ist das Schwinden des Spiritus asper und die veränderte Quantität der Vokale nach den Einflüssen des Accents. Das heisst also: in fünf Punkten von etwa zwölf, die in Frage kommen, ist nachweislich die Aussprache der Neugriechen falsch, und wer, frage ich, wird nun einem Zeugen, dessen Aussagen in allen Punkten, wo man sie sicherer controliren kann, sich als falsch herausstellen, in den übrigen noch rgend welches Gewicht beilegen? Folglich ist die historische Grundlage, welche die Reuchlinianer im Gegensatz zu uns für sich in Anspruch nehmen, eine gänzlich nichtige und wertlose.

Ich bin übrigens sehr weit davon entfernt, das hohe Alter dieser Lautumwandlungen in Abrede zu stellen, oder zu behaupten, wogegen Scholz ankämpft, dass die barbarischen Einflüsse die Ursache davon seien. Wohl sind die Neugriechen und waren die Byzantiner $\mu\iota\xi o\beta\acute{\alpha}\varrho\beta\alpha\varrho o\iota$, ebenso wie die heutigen Italiener nicht die reinen Nachkommen der Römer sind; aber diese Entartungen der Laute im Neugriechischen lagen in der griechischen Sprache selbst, die sich so entwickeln musste, gerade wie das Italienische nicht durch germanische Einflüsse so geworden ist. Wer schliesst nun aus dem italienischen *tschittà* oder *dschente*, dass auch die alten Römer *tschivitas* und *dschens* gesagt hätten? Und doch ist die Orthographie dieselbe geblieben. Wer behauptet, dass man *beninjus* und nicht *benignus* sprechen müsse? Und doch sagen die Italiener *beninjo* und schreiben wie die Römer *benigno*. Der Grund, dass sich die Italiener nicht anmassen was die Neugriechen für sich in Anspruch nehmen, dass sie die reine Aussprache des Lateinischen bewahrt hätten, liegt darin, dass aus dem Lateinischen sich viele Sprachen gebildet haben, die alle das gleiche Recht haben müssten über die Aussprache ihrer Muttersprache zu entscheiden, das Griechische dagegen sich mehr einheitlich entwickelt hat, da ja auch die Ausdehnung des griechischen Sprachgebiets eine so unverhältnissmässig geringere ist. Sie war freilich grösser; aber man bedenke vor allem, dass diese Länder fort und fort ein einheitliches Reich bildeten, während die romanischen Völker sich in eine grosse Zahl selbständiger Staaten zersplitterten. Aber ich habe es nicht nöthig, die sich selbst richtende neugriechische Anmassung weiter zu bekämpfen.

Wenn demnach der reuchlinische Grundsatz, die Aussprache der Neugriechen für das Altgriechische zu Grunde zu legen, ein in sich nicht haltbarer ist, so muss dagegen der erasmische, der Schrift gemäss auszusprechen, wenigstens für einen grossen Theil der klassischen Periode unbedingt zutreffend sein. Die einfache und natürliche Regel: schreibe wie du sprichst, ist niemals von Anfang an ohne besondere Gründe verletzt worden. Sie gilt allerdings nicht in den modernen romanischen Sprachen, aber hier veranlasste dazu die Rücksicht auf die lateinische Muttersprache, und wenn wirklich im Französischen von Anfang an *faire* geschrieben und *fère* gesprochen wurde[1]), so wäre jedenfalls diese Incongruenz ohne das lateinische *facere* nicht möglich. *Oi* aber ist anfänglich nicht *oa*, sondern *oi*, wie das englische *voice* aus *voix* und *choice* aus *choix* beweisen, und die heutige Aussprache ist gar nicht einmal so alt, indem noch bis zum Ende des 17. Jahrhunderts der Mittellaut zwischen *oi* und *oa*, nämlich *ouè*, gesprochen wurde[2]). Die englische Orthographie,

---

[1]) Diez I p. 123 f. 125 spricht sich über diese Frage zweifelnd aus.
[2]) B. Jullien, Sur la prononciation ancienne de la bivocale oi (bei Egger Notions élémentaires de Grammaire comparée p. 191) sagt von Voltaire, dessen Einfluss bekanntlich der Neuerung Girards, faisais für faisois u. s. w. zu schreiben, allgemeineren Eingang verschaffte: Il vivait dans un

in der gegenwärtig, nach einem bekannten Witzwort, der Grundsatz: schreibe wie du nicht sprichst, zu gelten scheint, ist gleichfalls, abgesehen von der Mischung verschiedener Systeme der Lautbezeichnung, durch Rücksicht auf das Lateinische und durch Festhaltung des ehemals wirklich Gesprochenen zu dieser Incongruenz gekommen. Da nun die Altgriechen keine Rücksicht auf eine vorausgehende höher gebildete Sprache zu nehmen hatten, so müssen sie ursprünglich mit der Schrift dem wirklichen Laute so nahe als möglich zu kommen gesucht haben. Nun ist in jenen modernen Sprachen später, jedoch keineswegs allzu früh, eine Erstarrung der Orthographie eingetreten, so dass sie die Veränderungen des lebendigen Lautes nicht mehr mitmachte, oder doch nur in einzelnen Fällen sich diesem wieder anzunähern suchte. Diese Erscheinung ist insofern allgemein, als die Schreibung immer das Alte etwas länger bewahrt, und als alte Schreibgewohnheiten neben den neuen sich Jahrhunderte lang wenigstens bei der Masse des Volks zu erhalten pflegen; aber die gegenwärtige Alleinherrschaft des Veralteten im Französischen und Englischen ist etwas nur unter besondern Bedingungen mögliches. Eine ganz gleiche Starrheit aber zeigt die Orthographie im Mittel- und Neugriechischen. Welches sind also hierfür die besondern Ursachen, und zu welcher Zeit waren diese zuerst vorhanden? Die Antwort hierauf ist nicht schwer.

In jener Zeit, als der attische Dialekt noch nichts als Dialekt war, mochte die Orthographie mit den Veränderungen der Sprache nicht immer gleichen Schritt halten, aber feststehend und erstarrt war sie sogar in den öffentlichen Urkunden so wenig, dass vielmehr gegen Ende des fünften Jahrhunderts geradezu das ganze System geändert wurde. Hier war die Gelegenheit, wenn etwa der lebendige Laut sich von der Schrift hie und da entfernt hatte, diese mit jenem wieder in Einklang

---

temps où l'ancien ouè disparaissait de la bonne compagnie et de la capitale, et donnait en mourant deux sons complètement différents l'un de l'autre (nämlich è in faisois und oa in roi).

zu bringen. Ausserdem aber hatten die Athener, und so auch die übrigen Stämme, noch keine Grammatiker und Etymologen, die eine historische Schreibweise hätten herbeiführen können: kein andres Princip als das phonetische konnte gelten. — Als nun der attische Dialekt durch die grossartige Entwickelung seiner Litteratur sich über die Grenzen Attika's ausdehnte und für die κοινή der hellenisirten Länder wesentlich massgebend wurde, musste allerdings die Orthographie schon viel, ich möchte sagen schwerflüssiger werden. Den Makedoniern, den Aegyptern, den Karern und Lydern war das attische Griechisch etwas angelerntes, und wenn sich die Sprache fortentwickelte, so konnte die Schreibung dies schon nicht mehr im gleichen Masse. Sie war aber auch noch nicht ganz erstarrt, und so wurde in dieser Zeit das ι der Diphthonge ᾳ ῃ ῳ, welches der Sprache entschwunden war, auch in der Schrift von vielen mit Bewusstsein weggelassen, wie Strabo sagt [1]): πολλοὶ-ἐκβάλλουσι τὸ ἔθος φυσικὴν αἰτίαν οὐκ ἔχον. Ebenso, nachdem das ει grösstentheils sich zu einfachem ι verdünnt hatte, wurde es zwar in der Schrift nicht aufgegeben, aber doch zu einem neuen Zwecke verwandt, zur allgemeinen Bezeichnung des langen ι [2]). Nun aber tritt von Augustus ab der Atticismus auf, mit dem ausgesprochenen Princip, überall das Echtattische im Gegensatz zu der barbarischen Corruption der Sprache wiederherzustellen, und dieser erlangte mit der Zeit in der Litteratur eine ganz unbestrittene Herrschaft, die sich durch die ganze byzantinische Zeit behauptete. Von nun an konnte, in der Litteratur wenigstens, weder die Form noch die Schreibung der Wörter irgend mehr Veränderungen erfahren, und mochte der Rhetor selber noch so verschieden sprechen, er durfte in der Orthographie das At-

---

[1]) Strabo XIV p. 648, wo zunächst von dem ι subscr. der Dative die Rede ist: πολλοὶ γὰρ χωρὶς τοῦ ι γράφουσι τὰς δοτικάς, καὶ ἐκβάλλουσι δὲ κτέ.

[2]) Vgl. Quintil. I, 7, 15 : Diutius duravit, ut EI iungendis eadem ratione qua Graeci ει uterentur. — Nigidius Figul. b. Gell. XIX, 14: Graecos non tantae inscitiae arcesso, qui ου ex O et Y scripserunt, quantae qui ει ex E et I; illud enim inopia fecerunt, hoc nulla re subacti.

tische nicht antasten. Daher wurde denn auch das ι subscriptum wieder in seine Rechte eingesetzt, das $\varepsilon\iota$ für langes ι verdrängt, und diese und die andern Diphthonge mit der Gewissenhaftigkeit bewahrt, die wir noch heute im Neugriechischen sehen.

Wenn es demnach der Atticismus ist, der die griechische Orthographie hat erstarren lassen, so sind wir berechtigt vor demselben, zumal vor der makedonischen Zeit, im ganzen und grossen eine getreue Beobachtung der ursprünglichen Schreibregel zu fordern. Und so sehen wir denn wirklich, dass diejenigen Stämme, bei denen die neugriechische Lautumwandlung zuerst hervortrat, auch ihre Schreibweise dem entsprechend umgestaltet haben. Es sind dies aber die Böoter und zum Theil auch die Thessaler, und man kann also mit Recht die neugriechische Aussprache als die böotische bezeichnen. Dass bei keinem der andern Dialekte sich gleiche Veränderungen der Schrift nachweisen lassen, ist ein hinreichend starker Beweis, dass bei diesen auch die Entartungen des Lautes während der Blütezeit des Volkes und der Sprache nicht eingetreten sind. Es scheint nun dieser Prozess der Entartung des Vokalismus, soweit ich das mit Hülfe der alten Denkmäler verfolgen kann, in folgender Weise vor sich gegangen zu sein.

Schon von den ältesten Zeiten an finden wir bei den Böotern, und in gleicher Weise bei den Thessalern, den Laut des dorischen η zu $\varepsilon\iota$ diphthongirt, also $\varepsilon\H{\iota}\varrho\omega\varsigma$ statt $\H{\eta}\varrho\omega\varsigma$, $\delta o\varkappa\acute{\iota}\varepsilon\iota$ für $\delta o\varkappa\acute{\varepsilon}\eta$, $K\lambda\varepsilon o\gamma\acute{\varepsilon}\nu\varepsilon\iota\varsigma$ Nom. Sing.[1]) Auch das ε, wenn es vor einem andern Vokale steht, geht gleichwie im Lakonischen in ι über: $\vartheta\iota\acute{o}\varsigma$, $\digamma\acute{\varepsilon}\tau\iota\alpha$ für $\H{\varepsilon}\tau\eta$. EI ist der Mittellaut zwischen H und I; die Umwandlung des ε vor Vokalen zeigt sich auch in der neugriechischen Volkssprache, und ganz ebenso im Romanischen (doleo ital. doglio, habeam abbia)[2]; indessen findet sie im Böotischen nicht ausnahmslos statt, sondern ein Theil der

---

[1]) Für dies und alles folgende vgl. Ahrens dial. Aeol. p. 179 ff., Addenda in Bd. II (de dial. Dor.) p. 518 ff.
[2]) Auch schon im späteren Vulgärlatein; vgl. Diez I p. 155.

Inschriften, der auch sonst mehrfach der gewöhnlichen Schreibweise folgt, hat Θεογίτων, Νέων u. s. w. Das dorische ει sodann vereinfacht sich böotisch zu langem ι: ἄρχι, κιμένας, Φιδίας, Ἐπαμινώνδας, obwohl auch hier einige Schwankungen vorkommen, wie bei den böotisch-thessalischen Patronymika auf ιος thessal. ειος, die von Wörtern auf — ης böotisch — εις bald auf ειιος, bald auf ειος, bald auch auf ιος gebildet werden. Man hat vielleicht, obgleich Ahrens anders will, die Formen wie Ἀντιγενείιος als die ursprünglichen und Διοφανεῖος Καλλικρατῖος als zusammengezogen anzusehen. Ebenso erklärt Ahrens selbst μαντεῖια aus μαντηία, (τὰ) Βασιλεῖα aus Βασιλήια Βασιλεία. — Während nun bei η und ει das Böotische von Anfang an, soweit wir es kennen, seine Gesetze ziemlich consequent durchgeführt hat, so ist die Sache schon anders bei αι, und man muss daher annehmen, dass diese Lautumwandlung eine verhältnissmässig spätere ist. Alte Inschriften haben noch αι, und auch in einzelnen späteren findet sich derartiges; dagegen schreiben tanagräische Inschriften, die vielleicht noch dem 5. Jahrhundert angehören, ΑΕ (Αἐσχρώνδας), womit ein Mittelton zwischen αι und ᾱ dargestellt zu werden scheint, und in den späteren ist η überall die Regel. Gleiche Schicksale hat auch ᾳ: alt Βαχεύϝαι, auf den tanagr. Inschriften ἐπὶ Πλαύγαε, später τῇ für τᾷ, wie τῆς für ταῖς. Entsprechend findet sich auch οι auf späteren Inschriften durch υ ersetzt: τύ τῦς für οἱ und τοῖς, ϝυκία für οἰκία; aber die keineswegs älteren Inschriften von Theben und Lebadeia, denen auch Θεογίτων und καί angehört, schreiben hier regelmässig οι, und in einigen der orchomenischen hat sich neben dem υ ebenso oft und öfter auch οι bewahrt. Man möchte also annehmen, dass das οι der Entartung einen stärkeren Widerstand als αι entgegensetzte, und noch mehr das ῳ, das in den Inschriften in gleicher Weise entweder οι oder υ geschrieben wird, aber nach der Theorie der Grammatiker, welche von der ihnen vorliegenden Redaktion der Gedichte Korinna's ausgehen, böotisch nur zu οι wird, während das οι nach denselben sich in υ verwandelt. Wenn wir nun ferner auf einer alten Inschrift von Tanagra $\mathit{Διονυσοε}$ für $\mathit{Διωνύσῳ}$ lesen, und bei Priscian die Bemerkung finden, dass das lateinische *comoedus* für *κωμῳδός* der böotischen Orthographie entspreche, so werden wir geneigt sein anzunehmen, dass bei dem ῳ, und einigermassen auch bei οι, das o sich lange auch nach der Abschwächung des i erhielt, bis denn am Ende doch beide Laute zu υ zusammenflossen. Besondere Zähigkeit hat nach den Denkmälern das οι vor einem andern Vokale besessen: wir finden $Βοιωτῦς$, aber nie $Βυωτῦς$, und auch in Korinna's Fragmenten wird $Πινδάροιο$ gelesen und gegen eine Aenderung in $Πινδάρῳ$ durch das Metrum geschützt. — Indessen steht diese ganze Darlegung über die Entwickelung der Diphthonge bei den Böotern, wenn sie auch in den gleichen Erscheinungen im gemeinen Dialekt, wie wir nachher sehen werden, eine Stütze findet, doch namentlich in Betreff des letzten Punktes auf wenig sicherer Grundlage. Die Böoter nämlich hatten dem υ seinen alten U-Laut bewahrt, als derselbe sich längst bei den übrigen Griechen zu y getrübt hatte, und so hatte bei ihnen ursprünglich das Zeichen υ den Lautwert von u. So lange nun dies galt, konnten sie das οι, wenn sie es auch wie y sprachen, nimmermehr mit υ bezeichnen, sondern erst dann, nachdem sie sich der Orthographie der übrigen Griechen anbequemt und ihr altes υ mit ου vertauscht hatten. Nun hat Ahrens nachgewiesen, dass dieselben Inschriften von Theben und Lebadeia, welche οι für οι und ῳ bewahren, auch für böot. υ = u fast nie ου setzen, während die andre Klasse, die in jenen Fällen υ schreibt, das kurze wie das lange υ durch ου bezeichnet. Eine Anzahl andrer Inschriften steht in der Mitte und hat für υ bald ου bald υ, einige mit dem Unterschiede, dass ου langem υ, υ kurzem entspricht, andre ohne jede Regel. Uebrigens findet sich für das υ neben ου und υ noch eine dritte Schreibweise, nämlich ιου (τιούχα, $Διουσίας$, $Ὀλιουνπίωνος$); wonach also am Ende auch bei den Böotern das υ getrübt worden ist, nur in andrer Weise als bei den übrigen Griechen, nämlich durch Vorschlagung eines wahrscheinlich schwach hörbaren i. Ahrens vergleicht dazu ausser dem englischen u = ju, welches die angelsächsische Aussprache des franz.

u ist, auch das moderne zakonische ψιούχα und νιούτα, entstanden aus altlakonischem ψουχά und νούκτα. — Also, um zu οι zurückzukehren, die vorliegenden Thatsachen lassen sich unter beiden Voraussetzungen verstehen, dass das οι durchaus als y, und dass es bald y, bald oi gesprochen wurde, oder auch mit einem Mitteltone zwischen beiden Lauten. Im allgemeinen spricht Schwanken der Orthographie für Schwanken der Aussprache; aber auch die in der nächsten Zeit nach Eukleides gefertigten attischen Inschriften zeigen ein ähnliches Schwanken, welches doch aus nichts anderem hervorgegangen ist als aus dem Kampfe der neueingeführten gegen die alte Orthographie. — Ich füge, um alles Gesagte an Beispielen klar zu machen, noch ein Stück einer orchomenischen Inschrift bei, welche die neuböotischen Lautumwandlungen in consequenter Durchführung darstellt.

'Ορχομενῷ Θοινάρχου μηνὸς 'Αλαλκομενείου
Ἄρχοντος ἐν Ἐρχομενῦ Θυνάρχω, μεινὸς Ἀλαλκομενίω,
Ἐλατείᾳ Μενοίτου Ἀρχελάου μηνὸς πρώτου
ἐν δὲ ϝελατίη Μενοίταο Ἀρχελάω, μεινὸς πράτω, ὁμολογία
Εὐβούλῳ Ἐλατειαίῳ καὶ τᾷ   ἐπειδὴ κεκόμισται
Εὐβώλυ ϝελατιήυ κὴ τῇ πόλι Ἐρχομενίων. ἐπιδεὶ κεκόμιστη
Εὔβουλος   εἶναι (ἦμεν)
Εὔβωλος πὰρ τᾶς πόλιος τὸ δάνειον ἅπαν — εἶμεν ποτι-
            Εὐβούλῳ   ἔτεα τέτταρα βουσὶ
δεδομένον χρόνον Εὐβώλυ ἐπινομίας ϝέτια πέτταρα βούεσσι
σὺν ἵπποις διακοσίαις εἴκοσι προβάτοις σὺν αἰξὶ (αἴγοις)
σοὺν ἵππυς διακατίης ϝίκατι, προβάτυς σοὺν ἤγυς
χιλίαις.
χειλίης.

Μενοίτας ist phokischer Name und wird deshalb nicht zu Μενύτας; δάνειον ist vielleicht δανεῖον zu accentuiren und aus δανήϊον δανείϊον entstanden; für eine Urform χήλιοι = χίλιοι, aus der χείλιν geworden, beruft sich Ahrens auf das lesbische χέλλιοι. Statt ου finden wir ω ausser in βούεσσι, dessen ου nicht aus Verlängerung des ο, sondern aus οϝ hervorgegangen ist. Ich knüpfe daran die Bemerkung, dass, so oft auch das Digamma in böotischen Inschriften vorkommt, doch niemals für αυ ευ ου αϝ εϝ οϝ geschrieben wird: ein deutlicher Beweis, dass in diesem Punkte die böotische Aussprache mit der neugriechischen nicht zusammentraf.

Soweit über das Böotische, dessen Vokalismus auf dem gesammten hellenischen Gebiete etwas ganz vereinzeltes ist. Die verwandten Thessaler, die in der Behandlung des η mit den Böotern übereinstimmen, schreiben doch regelmässig ει αι οι; nur einmal steht auf einer Münze von Larissa Λαρισαεων. Vor einem Vokale wird αι vielfach zu α: δικαοῖ, Γεννάος; das ᾳ wie das ῃ vereinfacht sich regelmässig: τᾶ ἀρχᾶ, ὀγγραφῆ gleich ἀναγραφῇ. Dagegen ist bei den Thessalern eine andere Lauttrübung eingetreten, deren Spuren sich auch im Neugriechischen vielfach finden, nämlich die von ω zu ου, wobei ein iota subscriptum verschwindet: Κραννούνιοι, ἵππου für ἵππῳ. Im übrigen führt Ahrens für die Schreibungen αε und οε nur zwei Beispiele auf antiken Vasen an: Κοραε und Κροεσος.

In der Folgezeit nun entwickeln sich die böotischen Lautumwandlungen auch im Gemeingriechischen. Wie auch Ahrens annimmt, wird wohl kaum die Sprache der Böoter für die übrigen Hellenen und namentlich für die Hellenisirten massgebend geworden sein, sondern es hat sich nur eine Veränderung, die allgemein im Geiste der Sprache lag, bei ihnen am frühesten vollzogen. Ebenso ist auf italischem Boden nicht etwa das Umbrische mit seinem çesna façia (cena, faciat) für das Lateinische von Einfluss gewesen, sondern es hat sich in jenem Dialekte das, was auch im Lateinischen lag und später hervortrat, um Jahrhunderte früher entwickelt. Kehren wir also zur κοινή zurück, so zeigen sich am ersten die Spuren von der Vereinfafachung des ᾳ ῃ ῳ zu α η ω, sowie von der des ει zu ῑ. Die Inschriften werden etwa um 100 a. Chr. in der Setzung dieses ι nachlässiger, während es früher ausnahmslos geschrieben wird, und damit stimmen die Papyrusrollen aus der Ptolemäerzeit, in denen die Bedeutung dieses Buchstabens so sehr dem Bewusstsein entschwunden erscheint, dass er nicht nur willkürlich weggelassen, sondern auch mit derselben Willkür langen wie kurzen Vokalen zugesetzt wird: neben τω δημω steht bei Hypereides κατωι, εχρησωι, αλλάι für ἀλλά und zahlreiche andre Beispiele. Eine solche Unsicherheit ist charakteristisch für jene Zeit, wo die unfreie Orthographie sich dieses Zeichens schon nicht mehr entledigen konnte. Für die Zeit des Eintritts dieser Lautveränderung kann auch das Lateinische Aufschluss geben: während in den früher aufgenommenen Wörtern, wie *tragoedus* und *comoedus*, das ι berücksichtigt wird, so wird es unbeachtet gelassen in *rhapsodus*, *ode* und allen, die erst in späterer Zeit den Römern zugeführt wurden. — Das *EI* wird, wie schon angeführt, in den Inschriften der römischen Zeit allgemein für langes ι gebraucht, wovon wohl zu unterscheiden ist jene Orthographie der älteren Denkmäler, die in ganz bestimmten Worten ει haben wo wir ι schreiben, wie namentlich in ἔτεισα für ἔτισα. Mit jenen Inschriften nun stimmen die Papyrusrollen, z. Bsp. die des Hypereides, die wenigstens möglicherweise noch aus vorchristlicher Zeit stammen; es ist in denselben auch häufig ι für ει geschrieben, wie in μιρακίων und προδεδάνισται. Noch weiter gehen die Rollen privaten Inhalts, die sich bestimmt der Ptolemäerzeit zuweisen lassen: in diesen werden ει und ι so völlig vermischt, dass ἠμί und ἐστείν neben einander vorkommen. Jedenfalls also wurde damals bei diesen Hellenisirten *imi* u. s. w. gesagt, jedoch nicht *Alexandria*, sondern *Alexandrea*, wie die Schreibung mit η beweist. Denn η und ι werden auch n den rohesten Erzeugnissen dieser Art sehr gewissenhaft geschieden. Auch die römischen Schreibungen: *Pisistratus*, *Phidias* u. s. w., beweisen ja, dass ει im Munde der damaligen Griechen so ziemlich wie ι klang, nur nicht vor Vokalen wenigstens in vielen Wörtern, wo der Laut dem ē näher stand: zu Ἀλεξάνδρηα und Σαραπιγῆον der Papyrus und dem Ἑρμήων einer attischen Inschrift des 1. Jh. p. Chr. stellt sich *Medea*, *Dareus* u. s. w. Dass man ferner für ὑγίεια ὑγεία, für πιεῖν πεῖν zu sagen und zu schreiben anfing[1]), lässt sich nur in der Weise er-

---

[1]) Ὑγείας steht auch bei Hyper. pro Euxen. col. 31,13 a pr. m.; über πεῖν vgl. Fleckeisen J. J. 1870 p. 71, der eine Stelle des Herodian b. Hermann de emend. rat. gr. gr. p. 317 und einen Vers der Anth. Pal. XI, 140,3 dafür aufführt.

klären, dass man *pün* und *hygiia*, wie es nunmehr lautete, nach demselben Gesetze zu *pin* und *hygia* zusammenzog wie früher πόλιι zu πόλι; denn ὑγής für ὑγιής und ἔπον für ἔπιον wurde keineswegs gesagt. Nimmt man nun dazu noch die Aussagen der Grammatiker, die über die Eintheilung der Diphthongen handeln — Aussagen, die uns aus byzantinischer Zeit überliefert werden, aber auf diese gerade nicht passen [1]) — so muss das dort zu den Diphthongen κατ᾽ ἐπικράτειαν, wo der eine Vokal den andern hat verstummen lassen, gerechnete ει als in römischer Zeit schon allgemein zu i und e vereinfacht angesehen werden [2]). Jene Grammatiker unterscheiden drei Klassen: δίφθογγοι κατ᾽ ἐπικράτειαν: ει ᾳ η ῳ; zweitens δίφθ. κατὰ κρᾶσιν: αυ ευ ου; drittens δίφθ. κατὰ διέξοδον: ην ων υι; ausserhalb dieser Eintheilung stehen nach den Byzantinern αι und οι, weshalb — was hier die Tendenz der ganzen Lehre ist — diese auch für den Accent nicht immer als Längen gelten. — Drittens folgt nun die Verwandlung des αι in ᾱ. Auch hier zeigen die Papyrus besonders in den Endungen eine ausserordentliche Inkorrektheit: ἀσπάζομε, κέ u. s. w., und auch in der einen Hypereideshandschrift scheint ἐπεδεύθησαν gestanden zu haben, ja sogar in der andern besseren das καί zwischen ἀκούειν und κελεύειν lediglich in Folge des Gleichklangs ausgefallen zu sein [3]). Jedoch eine ähnliche Vermischung von αι und ε, wie von ει und ι, ist noch nicht eingetreten, und namentlich das αι betonter Stammsilben wird rein gewahrt. Da-

---

[1]) Choeroboscus B. A. p. 1214; Theodosius p. 34; Schol. Dionys. Thr. B. A. p. 804; Moschopulus p. 24 Titze. Vgl. Henrichsen üb. die Reuchlin. Ausspr. p. 101 ff. Mir scheinen schon bei Sextus Empiricus Spuren dieser Lehre vorzukommen; s. u.

[2]) Vgl. auch Quintil. und Nigidius ll. c. Ich kann es daher auch nicht mit Henrichsen (p. 147) als einen Beweis für Verschiedenheit des ι und ει ansehen, wenn Hermogenes sagt (π. ἰδεῶν II. p. 291 Sp.), dass die Rede würdevoll werde durch häufige lange Vokale und Diphthongen, πλὴν τῆς ει διφθόγγου· καὶ εἰ καθ᾽ αὑτὸ δὲ τὸ ι τιθοῖτο, ἥκιστα σεμνὴν ποιεῖ τὴν λέξιν πλεονάσαν. Ἥκιστα σεμνὴν heisst nämlich nichts weiter als: „durchaus nicht würdevoll."

[3]) Hyper. Epitaph. col. 5,17; pro Lyc. 9,20.

her kommt es auch, dass man immer ε und nie η für αι findet, indem solche Wörter wie καί und das — μαι — σαι — ται der Verbalendungen mit der Lauttrübung zugleich gekürzt wurden. — Um den Bildungsgrad dieser Aegypter, die uns nun *si dis placet* nebst den modernen Μαραθωνομάχοι zu Mustern der Aussprache dienen sollen, zu charakterisiren, füge ich ein paar Stellen aus dem Briefe eines gewissen Ammonios an seine Schwester bei [1]: κομψῶς ἔχω ἐγὼ καὶ τὸν ἵππον μου καὶ Μέλας. — ταύτην τὴν ἐπιστολὴν ἐγράφη ἐν Θμούει. Aufschrift auf der andern Seite: — — ἀπὸ Ἀμμωνίῳ ἀδελφῷ. Wer es also um dieser Rollen willen für mustergültig hält *ke* zu sagen, der nehme auch das ἀγαθώτατος eben jenes Briefes und ἀπό c. Dat. mit in den Kauf.

Die Lateiner, soviel wir sehen, geben das griechische αι immer mit ae wieder, und nur die in sehr alter Zeit aufgenommenen Eigennamen wie *Aiax* und *Maia* machen eine Ausnahme. Aber dass das lat. ae selbst von Anfang an unserm ä gleich gewesen sei, lässt sich leichter behaupten als beweisen. Die Osker schreiben aí mit dem i, welches den Mittellaut zwischen i und e bezeichnet, und dasselbe bedeuten die altlateinischen Schreibungen *quaeistor* und *praeitor*, vgl. *leibereis* und *deicei*. Man sprach also damals a — e, wobei das zweite Element noch einen Anklang an i hatte; unser ä = franz. è wäre von den Römern ohne Bedenken mit e geschrieben, wie es die Franzosen und Italiener auch thun. — Es folgt nun die entsprechende Verwandlung des oi in oe [2] und y; denn von einer Aussprache wie i kann erst in barbarischer Zeit die Rede sein. Die vulgäre Papyrusrollen haben nur ganz selten Schreibungen wie ἀνύγω, welche allerdings beweisen, dass die Vereinfachung zur Ptolemäerzeit in der Volkssprache schon begonnen hatte, aber nicht minder auch, dass dieselbe längst nicht in dem Grade durchgedrungen war wie die

---

[1] Notices et extraits de manuscrits XVIII, 2 p. 232 f.
[2] Die Hypothese einer Aussprache des οι wie ö wird entschieden verworfen von Curtius Erläuterungen zu d. griech. Schulgramm. 2. Aufl. p. 25, der im übrigen nachweist wie noch im 11. Jh. οι mit ι ει η nicht zusammengefallen war.

von *αι* zu e und vollends die von *ει* zu i. Das Lateinische bietet oi in dem altaufgenommenen *Troia* und dem *Oinomavos* alter Inschriften, im übrigen oe: *Poeas, Rhoeteum*, woraus freilich für die griechische Aussprache sich wenig schliessen lässt. Denn wenn die Griechen y sprachen, so ist doch das Entsprechen eines lateinischen oe darum erklärlich, weil vor der Aufnahme des y sich dieser griechische Laut mit lateinischen Buchstaben gar nicht bezeichnen liess, und darum das verwandte oe sogar für griechisches *v* mitunter gebraucht wurde: Sdepoeros *Ζέφυρος*, Antamoenides *Ἀνταμυννίδης*. Hiess es aber im Griechischen *Poias*, so hatten die Römer gleichfalls genügenden Grund die ihnen abhanden gekommene Lautverbindung oi durch das in Sprache und Schrift am nächsten stehende oe zu ersetzen. Es verhält sich übrigens mit der Aussprache des lateinischen oe ähnlich wie mit der des ae: aus oi entstanden und dem oskischen oí entsprechend, ist es am Ende wie ae zu e gesunken. Um die Beweiskraft dieser lateinischen Schreibungen richtig zu würdigen, muss man auch das a u in Betracht ziehen, welches den diphthongischen Laut bis auf diesen Tag im Munde der Italiener bewahrt hat, trotzdem aber schon in recht alter Zeit durch o in Aussprache und Schrift ersetzt wurde. Geradeso wie *Caecilius* und *Cecilius, quaistor, quaeistor, quaestor* und *questor*, stehen *plaustrum* und *plostrum, Claudius* und *Clodius* nebeneinander, und wie in den letzteren Fällen niemand behauptet, dass beides nur in der Schreibung verschieden und dass durchaus o gesprochen sei, so darf man auch aus *questor* und *Cecilius* nicht schliessen, dass das ae von Anfang an den einfachen Laut von è gehabt habe. Was das oe betrifft, so ist auch der vielfache Uebergang desselben in u wesentlich: *oenus — unus; moenus — munus*, den zwar Corssen aus oe = ō durch die Mittelstufe ū erklärt, der aber doch leichter und besser zu verstehen ist, wenn man mit Curtius von o — e ausgeht und das im Laut erhaltene o sich zu u verdunkeln lässt [1]). Im Griechischen nun machen den Schluss der Entar-

---

[1]) Corssen Ausspr. I p. 201 f.; Curtius Gr. Gramm. Erläuterung.

tungen der Laute die von η zu i und von υ (οι) zu i, die letztere erst in spätbyzantinischer Zeit. Also folgendes wäre das gesammte Resultat dieser Entwickelung:

ai — e   āi — a
ei — i   ēi — e — i
oi — y — — i   ōi — o
ē — — i   y — — — i

Unberührt sind bisher die Diphthongen αυ ευ geblieben, und ich weiss sie in der That in dieser Entwickelungsreihe nicht unterzubringen; doch scheinen mir diese Uebergänge von au und eu zu av und ev zu den spätesten zu gehören.[1]) Ehe ich weiter gehe, muss ich noch einmal im allgemeinen auf die erwähnte Lehre der Grammatiker von den Diphthongen zurückkommen. Die δίφθ. κατὰ διέξοδον, d. h. wo jeder Laut besonders gehört wird, und ebenso die κατ' ἐπικράτειαν mit Ausnahme des ει, werden bei dem sogen. Dionysios Thrax gar nicht unter den Diphthongen aufgezählt, und anderswo heissen sie uneigentliche Diphthonge (καταχρηστικαί)[2]). Als eigentliche bleiben somit die κατὰ κρᾶσιν, bei denen aus den beiden Lauten ein einheitlicher dritter sich bildet, sowie αι und οι und endlich ει. Da nun das letztere sowie auch ου nach unsrer Ausdrucksweise gerade uneigentliche Diphthongen heissen müssten, so weiss man nicht recht, was man aus dieser Theorie machen soll. Das Unterscheidende beider Klassen ist, dass bei der einen beide Elemente kurze, bei der andern das erste ein langer Vokal ist, welcher den nachfolgenden mehr oder weniger übertönte und verstummen liess. YI, welches ich vorhin gar nicht berührt habe, müsste als Diphthong κατὰ διέξοδον y—i gesprochen werden, wozu die lateinische Wiedergabe durch yi stimmt; an-

---

2. Aufl. p. 25. In der II. Ausgabe (p. 709) hat denn auch Corssen die frühere Darstellung zurückgenommen.

[1]) Zu Ulfilas' Zeit, wie aus dessen Transskriptionen hervorgeht, war der Uebergang wenigstens theilweise schon erfolgt; vgl. Corssen II. Ausg. p. 674 Anm.

[2]) Vgl. hierzu Buttmann Gr. Gramm. p. 23; Mehlhorn Gramm. p. 19; Henrichsen l. c. p. 101 ff.

drerseits findet es sich nicht nur in den Papyrus gleich ᾳ ῃ ῳ zu υ vereinfacht, sondern auch auf einer attischen Inschrift aus der 102. Olymp. (Franz. p. 166) steht dreimal ὑεῖς geschrieben.¹) — In jener ersteren Dreitheilung nun stehen αι und οι ausserhalb, und es heisst von ihnen, dass sie der Eigenthümlichkeit der Diphthongen entbehrten. Nun findet sich bei Sextus Empiricus eine Stelle, wo derselbe gegen die Festsetzung der Buchstabenzahl durch die Grammatiker ankämpft²): man könne mit gutem Grund weniger Lautelemente annehmen, aber wiederum auch mehr, da einige Diphthongen, wie αι, ει, ου, in Wahrheit einen einheitlichen Laut darstellten, der sich von Anfang bis zu Ende seiner Dauer gleich bleibe. Ου ist Diphthong κατὰ κρᾶσιν, und die Philosophen, welche nach Sextus dies behaupteten, stimmen bis dahin mit den Grammatikern völlig überein; aber ει = i, wenn auch einheitlicher Laut, lieferte doch schlechterdings kein neues Lautelement, ein στοιχεῖον, wie Sextus sagt, διάφορον ἔχον δύναμιν τῶν συνήθως παραδιδομένων. Ich bin der Ansicht, dass für αι und ει die beiden andern Diphthonge κατὰ κρᾶσιν, nämlich αυ und ευ, einzusetzen seien, so dass nun Sextus nichts anders aufstellt als unsre grammatische Tradition. Er führt aber diese Diphthongen nur als Beispiele einer ganzen Klasse an, und suchten wir nun nach andern, so wären nur αι und οι noch aufzufinden. In der That kommt es mir wenig wahrscheinlich vor, dass der Urheber der Dreitheilung, wer es auch war, zwei Diphthonge unberücksichtigt gelassen hätte³), und dass die ganze Theorie ursprünglich zu nichts hätte dienen sollen als um Accentuationen wie λέγομαι und πόλεμοι zu erklären. Standen aber αι und οι eigent-

---

¹) Ebenso auf einer Inschrift aus Ol. 92,4 (Hermes Bd. II, p. 27) *HYEΣ* d. i. ὑεῖς. Vgl. Wecklein Curae epigraph. p. 53. Curtius (Studien 2 p. 285) bringt diese Schreibung mit der Kürzung des υι in diesem Worte und den analogen Erscheinungen bei αι und οι (δειλαῖος, τοιοῦτος, ποεῖν) zusammen.

²) Sext. Empir. πρὸς γραμματ. c. 5. Vgl. Henrichsen p. 95.

³) So heisst es denn auch im Anfang der Stelle: αὗται τοίνυν αἱ ἕνδεκα δίφθογγοι (d. h. αι (αι und ᾳ) αυ ει η ευ ην οι ῳ ου ωυ υι) ἀνεμερίσαντο ἑαυτὰς καὶ ἐγένοντο κατὰ τρόπους τρεῖς.

lich innerhalb der Eintheilung, so können sie nur zu der Klasse κατὰ κρᾶσιν gezählt haben, von der sie Spätere dann wieder losrissen. Bemerkenswert ist übrigens noch der Ausdruck über αι: ἡ αι δίφθ. ἡ ἐκφωνοῦσα τὸ ι, was im Gegensatze zu ᾳ gesagt wird. Es ist dies unerklärlich, wenn αι wie ā lautete, bei dem nämlich welcher den Byzantinern als Quelle diente. Ziehen wir also diesen Ausdruck ab als Rest der alten Theorie, so passt im übrigen der Schlusssatz, dass diese beiden Diphthongen weder κατ' ἐπικράτειαν noch κατὰ διέξοδον noch κατὰ κρᾶσιν seien, vollkommen auf die byzantinische Aussprache von αι = e und οι = y. Es soll übrigens alles dies nur ein Versuch sein, in die grammatischen Theorien Licht und Zusammenhang zu bringen, und ich bin weit entfernt auf so unsolider Grundlage weiter bauen zu wollen.

Es bleibt nun noch übrig die Richtigkeit der Voraussetzungen, dass ursprünglich αι = ai, ει = ei u. s. w. gewesen seien, im einzelnen zu erhärten. Ist dieses bewiesen, so folgt, dass wir diese Aussprache als herrschend annehmen müssen bis auf die Zeit, wo veränderte oder schwankende Orthographie auf Veränderung oder Schwanken des Lautes hinweist. Dass η den Wert von ĕ, υ den von y oder ü gehabt habe, betrachte ich als zugestanden[1]) und beschränke mich auf die Diphthongen.

---

[1]) Ich meine natürlich nicht, dass die Neugriechen und ihre blinden Anhänger das zugeständen; aber für Vorurtheilslose ist die Sache mehr als klar. Um die grenzenlose Unkritik, die in dieser Art von Beweisführungen herrscht, zu kennzeichnen, führe ich nur zwei reuchlinianische „Beweise" an, die schon in Henrichsens trefflichem Buche gebührend abgewiesen sind. Bei Galen steht: γραφόντων τῶν παλαιῶν τόν τε τοῦ ε δίφθογγον καὶ τὸν τοῦ η δι' ἑνὸς χαρακτῆρος, ὃς νῦν μόνον σημαίνει τὸν ἕτερον φθόγγον τοῦ ε, πολλὰ γέγονεν ἁμαρτήματα τῶν ἐγγραφομένων. Bloch nun erklärt τὸν τοῦ ε δίφθογγον als „den doppelten Laut des e", und Mullach (Grammat. des Neugriech. p. 124), indem er diese ungeheuerliche Erklärung adoptirt, ändert ohne weiteres, was freilich geschehen musste, das τόν in τήν. Natürlich ist umgekehrt φθόγγον für δίφθογγον zu schreiben. Nun soll die Angabe, dass ε zweierlei Laute (φθόγγοι) hätte, nicht auf den quantitativen Unterschied von ĕ und ē, sondern nur auf den qualitativen von e und i gehen können! Weshalb denn? — Aber noch viel

$Aι =$ āi, $Hι =$ ēi, $Ωι =$ ōi, $YI =$ yi. Auch hier kann vernünftigerweise kein Zweifel herrschen; denn das ι, wenn nicht gehört, wäre nie mit solcher Consequenz geschrieben worden. Nun aber macht bloss die Endung — ησιν auf altattischen Inschriften eine Ausnahme, insofern das ι auch weggelassen wird; also mochte es hier besonders schwach tönen [1]). Eine solche specielle Ausnahme ist nur geeignet, die Kraft des Beweises für die übrigen Fälle zu erhöhen. Ueber υι ist das Nöthige schon beigebracht.

$Aι =$ ăi. Wenn im Griechischen, im Lateinischen, im Oskischen u. s. w. ein Laut mit a i ausgedrückt wird, so ist dies naturgemäss der aus a und i, die schnell nach einander gesprochen werden, entstehende, also ai. Unser ā dagegen, d. h. è, das offne e, hätte man einfach e geschrieben, wie ja die alte Orthographie so wenig auf geringere Unterschiede Rücksicht nahm, dass im Altattischen E sowohl ε, als η, als ει, und ebenso O nicht minder ου und ω als ο bedeutet. Wenn aber auch die correkte Orthographie è und é beharrlich schied, so mussten sich doch Schwankungen in der Schreibart bei so nahestehenden Lauten zeigen, und dass sich solche in keinem Dialekte, das Böotische ausgenommen, finden, ist ein schlagender Beweis von einem weiten Abstande zwischen AI und H. Dagegen bezeichnet AI fort und fort neben αι auch ᾳ; also war zwischen diesen Lauten kein so grosser Unterschied, wie denn im Böotischen beide in η übergehen, und doch ist ᾳ unmöglich etwas anderes als āi. Scholz nun beruft sich auf die Septuaginta mit ihrem $Αἰνών$ und $Βαιθήλ$ für *Enon* und *Bethel*, und sieht

---

ärger ist es, wenn Bloch als ein Zeugniss aus dem 6. Jahrhundert a. Chr. eine alberne Anekdote über Aesopus benutzt, welche Maximus Planudes (14. Jahrh. p. Chr.) in seiner Lebensbeschreibung des Fabeldichters mittheilt, und welche noch dazu, bei Lichte besehen, nicht das mindeste enthält was auf die Aussprache Bezug hätte. Man vgl. Henrichsen p. 141. Aber so sind die Bloch'schen Beweise grossentheils beschaffen, so dass der Ausdruck „Schwindel" für diese Manier ein nicht zu starker ist.

[1]) Vgl. Sauppe de inscript. Eleus. p. 5. Wecklein l. c. p. 5sqq. Beispiele: $ΑΥΤΕΣΙ$, $ΜΥΣΤΕΣΙ$, $ΤΗΣΙ$.

nicht, dass man hier umgekehrt vom Griechischen aufs Hebräische schliessen muss: denn war der Vokal in letzterer Sprache in beiden Silben gleich, warum denn nicht $Βαιθαίλ$? In der That ist dies hebräische ê aus a i entstanden: *béth* aus *bajith* und ên aus *ajin*, und dass es schon zur Zeit der LXX ê gewesen wäre, ist um so weniger anzunehmen, als auch das aus a u hervorgegangene ô im Griechischen mit $αυ$ wiedergegeben wird: $Ναβαῦ$ *Nebo*, *Onan* $Αὐνάν$ [1]). Also ist dies ein sehr annehmbarer Beweis für die Erasmianer, um so mehr, als er aus Aegypten stammt, wo die Plebs wie gesagt $κε$ und $λεγομε$ aussprach [2]). Womit will man nun die These beweisen? Mehlhorn's Argument, dass im Sanskrit dem griechischen $αι$ ê entspricht, kann unmöglich etwas gelten; es bewiese nämlich, wenn es etwas bewiese, auch für $οι = $ ê und für $αυ$ und $ευ = $ ô. Die Inschriften verweigern absolut ihr Zeugniss, auch solche plebejische wie die attische Bleiplatte mit den eingekritzelten Flüchen (Franz Nr. 63), auf der zwar $ημοι$ für $εμοι$ und $τηρην$ für $τηρειν$, aber nie etwas anderes für $αι$ geschrieben wird. Und das neueste von Bücheler vorgebrachte Argument, dass in den Versen des Aristophanes: $ἰδοὺ κρέμαι'· ὡς ἠλίθιον ἐφθέγξατο καὶ τοῖσι χείλεσιν διερρυηκόσιν$, Sokrates dem Strepsiades die diphthongische Aussprache des $αι$, die also schon veraltet gewesen, zum Vorwurfe mache, ist doch wohl nur ein Zeichen der höchsten Verlegenheit um bessere Beweisgründe. Bekanntlich kann man auch den Sachsen eine solche breite Aussprache des e i und a i vorrücken: wie nun, wenn ein Ausländer oder jemand in fernen kommenden Jahrhunderten irgend wo in einer Komödie eine entsprechende Bemerkung über die Sachsen

---

[1]) Vgl. Frankel Vorstudien zu der Septuag. p. 115 f.
[2]) Auch in Kallimachos' Epigramm soll das Echo, welches auf $ναίχι$ mit $ἔχει$ antwortet, für die gleiche Aussprache von $αι$ und $ε$ beweisen. Hiergegen ist erstlich mit Henrichsen (p. 134) zu erwidern, dass bei dem Echo $ἄλλος ἔχει$, welches dem $ναίχι καλὸς καλός$ entspricht, der Nachdruck lediglich auf $ἄλλος (= καλός)$ beruht, während $ναίχι$ und $ἔχει$ um so weniger in Betracht kommen, als ja auch die Stellung zu dem Hauptworte bei beiden verschieden ist. Zweitens erklären Haupt und Dilthey die beiden Verse für ein fremdartiges Anhängsel. (Dilthey de Callim. Cydippa p. 5).

fände, würde er nicht mit gleichem Rechte den Schluss ziehen können, nur die Sachsen hätten Kaiser, die andern Deutschen aber Käser gesagt? Doch lassen wir diese nugae; mögen nun die Reuchlinianer ihrerseits noch Folgendes erwägen. Von Ἀχαιοί kommt Ἀχαϊκός und Ἀχαΐα (Achaia), von Πλάταια Πλαταϊκός, und nur in älterer Zeit auch Ἀχαιϊκός und Πλαταιΐς; von Θηβαῖοι nur Θηβαΐς, ferner Ἀλκαϊκός, τροχαϊκός (trochaicus), und so im übrigen. Es wurde also das eine ι ebenso beseitigt, wie zwei selbstständige ι im Griechischen nicht leicht nebeneinander geduldet werden. Dies ist nur möglich unter der Voraussetzung, dass *Achaios* gesagt wurde; denn *Acheïkos* ist nichts was dem Ohre widerstrebte; man hätte es allenfalls in *Achekos* (Ἀχαικός) zusammengezogen. Ferner: aus καὶ ἐγώ wird κἀγώ aus καὶ εἶτα κᾆτα, u. s. w. ohne Ausnahme. Wie aber können die Laute è — e sich in â mischen?[1]) Sodann ist Ἀθηνᾶ = Ἀθηνάα aus altattischem Ἀθηναία (vgl. die Inschriften), ἐλάα aus ἐλαία, κλάω aus κλαίω geworden[2]); was sich doch gewiss besser aus *ela(i)a* als aus *eléa* erklärt. Einen Beweis andrer Art bietet uns Dionysios an der Stelle, wo er den Charakter des Thukydides in der Zusammenfügung der Worte bespricht[3]). In dem καὶ Ἀθηναίων (Ι, 1), sagt er, werde der Fluss der Rede durch den Hiatus gewaltsam unterbrochen, indem *I* mit *A* nicht zu einer Silbe verschmelzen könnte. Also wurde das ι des καί entweder damals, d. h. zu Augustus' Zeit, noch immer gehört, oder der Rhetor setzte voraus, dass Thukydides selbst *kai* gesagt habe, besass also noch ein Bewusstsein von der eigentlichen Aussprache des Diphthongs. Ich schliesse deshalb so vor-

---

[1]) Diesen Beweis führt Curtius aus, Studien zur griech. u. lat. Gramm., 2 p. 277 ff.

[2]) Gerth allerdings (Curtius Studien p. 206) leitet κλάω direct aus der Urform κλᾱϝjω her, aus der sich einerseits κλᾴjω κλάω, andrerseits mit Kürzung des α κλαίω entwickelt habe. Auch für ἐλάα, ἀετός u. a. hält er einen solchen Hergang für möglich; Ἀθηνάα aber, mit dem Curtius l. c. treffend φιλαθήναιος bei Arist. Vesp. 282 zusammenstellt, entzieht sich dieser Erklärung durchaus. Vgl. noch Πειραεύς auf Inschriften und in den Hdschr. bei Arist. Pax 145 (Wecklein p. 53).

[3]) Dionys. de compos. p. 167 R.

sichtig, weil kurz vorher, bei der Besprechung einer Pindarischen Stelle, für Ἀγλαΐᾳ ἴδετε die gleiche Bemerkung gemacht wird, dass die beiden i sich nicht zu einer Silbe vereinigten[1]), während doch dieses ι um Christi Geburt nachweislich schon verstummt war. Aber der Stärke des Beweises wird hierdurch wenig genommen. — Und dabei lasse ich das noch ganz aus, dass αι etymologisch aus a + i hervorgegangen ist, obwohl doch dieser Beweis ebenso viel gilt wie der von Scholz für αυ und ευ aufgestellte, dass das υ darin vielfach aus dem Digamma hervorgegangen sei.

OI = oi. Hierfür gilt zunächst vieles von dem für αι beigebrachten; nur dass unter der Annahme Bursian's[2]), dass οι = ō gewesen wäre, sich die beständige Schreibung mit οι eher als dort begreifen liesse. Altattisches *OI* bezeichnet οι und ῳ; also standen sich diese Laute nahe, und ῳ ist gleich ôi. Aus ποία und χροία werden πόα und χρόα, weshalb sich das α gegegen die Regel hält; aus ποιεῖν und ποίημα entsteht ποεῖν und πόημα, vgl. das lateinische *poema* und *poeta*. In der Krasis wird aus τὸ ἱμάτιον θοιμάτιον, wie θαιμάτια aus τὰ ἱμάτια; ferner ᾦνος aus ὁ οἶνος und ἐγῷμαι aus ἐγὼ οἶμαι, also *egōimai* aus *egō ymai* oder *ōmai*, nach jenen Annahmen, von denen die echten Reuchlinianer freilich keine zu der ihrigen machen. Sie wollen durchaus i, welches die Griechen in argem Stumpfsinn fort und fort mit Zusatz eines stummen o schrieben. Dann erkläre man also σούστίν und μοὐδόκει aus *si estin* und *mi edoki*; die Mischung aus i und e ergibt hiernach u. Oder τοι ἄν wird zu τἄν, i + a zu â, οἱ ἄνδρες ἄνδρες und ὦνδρες, und was des Unmöglichen mehr ist. Es sind diese Verschmelzungen übrigens ebenso unmöglich, wenn ō oder y gesprochen wurde; aus σὺ ἄν wird nicht σᾶν, sondern die Krasis unter-

---

[1]) Ibd. p. 162. Hierbei ist aber noch eins zu berücksichtigen. Nach B. A. p. 1186 leugneten die Musiker, dass das ι in ᾳ ῃ ῳ nicht ausgesprochen werde; es werde, sagten dieselben, nur übertönt und darum nicht gehört. Um eine melische Stelle aber handelt es sich bei Dionysios, und derselbe war mit den Theorien der Musiker sehr vertraut.

[2]) Bursian Ber. d. Frankfurter Philologen-Vers. v. J. 1861 p. 187.

bleibt. Vielmehr musste überall das o rein gehört werden; alsdann ist alles klar, indem die drei Laute verschmolzen werden mit Ausstossung des mittelsten, des ι. Auch Dionysios ist hier wieder anzuführen: in Ὀλύμπιοι ἐπί, sagt er, entstehe eine Unterbrechung der Rede, weil ι mit ε sich nicht verschmelze[1]). — Aber nun höre man die Gegenbeweise! „Im Lateinischen entspricht *vinum* dem griechischen οἶνος; neben οἶκος steht *vicus*, neben οἶκοι *vici*, neben οἴκοις *vicis*; folglich hiess es auch im Griechischen *inos, ikos, iki, ikis*." Die Richtigkeit des Beweises ergibt sich aus den analogen Folgerungen, deren so viele sind, dass man den Schluss als eine ganz unerschöpfliche Quelle des Wissens bezeichnen kann. Ich setze nur einige der neuen Aufschlüsse her. *Fama* lateinisch, griechisch φήμη; *stare* — στῆναι; *Aesculapius* Ἀσκληπιός; also sprachen die Römer das lange a wie e, wie die heutigen Engländer. *Leonis* — λέοντος; also lautete das lateinische i zuweilen wie o. *Catina* Κατάνη, *Agrigentum* Ἀκράγας; also lautete es in andern Worten wie a. *Catina* Κατάνη, *Agrigentum* Ἀκράγας; also lautete das griechische a bisweilen wie i. Das haben sogar die Neugriechen noch nicht erfunden! Λέοντος *leonis*; also lautete auch o zuweilen wie i. Oder weshalb nicht immer? Οι = i wird ja auch mit vier Beispielen bewiesen. — Aber das lateinische *is* im Gen. Sing. ist ja aus *os* hervorgegangen; man vergleiche *senatuos*. — Und das *i* des N. Plur. und das *is* des Dativs aus *oe* und *oes*; wird das von den Gegnern ignorirt, so kann ich es mit dem *senatuos* ebenso machen. Doch ich fürchte, ich habe schon mehr als genug über diesen Punkt gesprochen, zumal da es ja eine anerkannte Thatsache ist, dass das οι eher zu υ als zu ι wurde, und auf jener Lautstufe noch in byzantinischer Zeit sich befand.[2])

EI = ei. Natürlich nicht gleich dem gewöhnlichen deut-

---

[1]) Dionys. l. c. p. 156.
[2]) Den Beweis aus dem bei Thukydides überlieferten Orakel: ἥξει Δωριακὸς πόλεμος καὶ λοιμὸς (λιμὸς) ἅμ' αὐτῷ, der einer der stärksten sein soll, mag sich ein jeder selbst widerlegen.

schen ei, welches eine Zusammensetzung von a und i ist, sondern jenem dialektischen ei entsprechend, bei dem man e und i nacheinander hört. — Altattisch wird theils *EI* geschrieben, theils — und dies in den Fällen wo ει Dehnung des ε ist — ein blosses *E*; woraus man, da ein etymologischer Grund nicht massgebend sein konnte, eine lautliche Verschiedenheit des ει folgern muss, so dass es im ersteren Falle als wirklicher Diphthong aus e + i, im andern eher als Mittelton zwischen beiden Vokalen gesprochen wurde. Also εἶναι (*ENAI*) = e(i)nai; Φειδίας (*ΦΕΙΔΙΑΣ*) = Pheidias.[1]) — Bedeutend indes kann der Unterschied nicht gewesen sein, da Schwankungen nicht fehlen und z. Bsp. die eleusin. Inschrift wiederholt *EINAI* hat.

— Ich glaube nicht, dass hier ein Zweifel vernünftigerweise aufkommen kann, da der Laut eines einfachen i, wenn nicht immer, so doch hie und da mit dem einfachen Zeichen geschrieben sein müsste; nun aber wird, wenn ein einfaches Zeichen, vielmehr *E* gewählt. — Im Lateinischen bezeichnet das ei einen Mittelton zwischen i und e; daher das beständige Schwanken in der Schreibung zwischen ei i e, welches dem Griechischen ganz unbekannt ist[2]).

OY = u. Hier ist der einzige Fall gegeben, wo anerkanntermassen ein Diphthong eigentlich nicht ein solcher, sondern nur ein Digraph ist. Es bietet sich dabei die Analogie des Französischen, wo in gleicher Weise, nachdem das u zu ü geworden, das aus o neu entstandene u durch Zusammensetzung beider Buchstaben bezeichnet wurde. Indessen muss auch das ου gleich dem ει eine doppelte Natur gehabt haben, insofern es einmal, und dies in den meisten Fällen, eine Dehnung des *o* ist und wie u, in älterer Zeit vielleicht als Mittelton zwischen o und u, gesprochen wurde, anderswo aber auch aus o + u hervorgegangen ist und diphthongische Aussprache hatte, wie in βοῦς,

---

[1]) Hierin stimme ich überein mit Bursian p. 186.
[2]) Diese aus Corssen's Buche entnommene Auffassung erscheint in der zweiten Ausgabe desselben etwas modificirt, indem für bestimmte Fälle, namentlich die Dat. Plur. auf eis, bis etwa 150 a. Chr. allerdings eine diphthongische Aussprache angenommen wird.

οὗτος, σπουδή. Und so haben denn die alten Attiker, die von Etymologie nichts wussten, in solchen Wörtern insgemein *OY* geschrieben, z. Bsp. *OYK, HOYTOΣ, ΣΠΟΥΔΙΑΣ*, während τοῦ durch *TO* und ἀποδοῦναι durch *ΑΠΟΔΟΝΑΙ* bezeichnet wird. Gleichwohl findet sich auch *TOTON* für τοῦτον und in andern Dialekten *O* für οὐ; ein bedeutender Unterschied hat also auch hier nicht stattgefunden. Die Böoter bewahrten, wie oben gesagt, dem *v* den ursprünglichen U-Laut, und hatten daher in ihrem nationalen Alphabet für diesen das Zeichen *v*, während sie später für den kurzen wie für den langen Vokal *ov* gebrauchten.

AY=au und âu, *EY*=eu, *HY*=êu, *ΩY*=ôu. Wie auch Curtius annimmt, muss in diesen Diphthongen das *v* seinen ursprünglichen U-Laut mehr oder weniger ungetrübt erhalten haben, indem sich nur so die Entwickelung dieser Laute im Mittel- und Neugriechischen begreifen lässt. Nach neugriechischer Aussprache nämlich ist das *v* überall hier Consonant und lautet vor Vokalen und weichen Consonanten (βγδ, λμνρ, ζ) = neugr. β = v, vor harten Consonanten (πκτ, φχϑ, σ) = neugr. φ = f. Es sei hier, sagt man, das *v* das Digamma, welches von den Attikern, da ihnen das Zeichen ϝ verloren ging, durch den nächstverwandten Vokal ausgedrückt worden sei. Man fragt nun freilich billig, weshalb sie denn das Zeichen aufgaben, wenn der Laut ihnen in so zahlreichen Fällen blieb, und vom reuchlinianischen Standpunkte auch, weshalb dann nicht wenigstens die völlig gleichlautenden Consonanten β beziehungsweise φ gewählt wurden. Noch wunderbarer ist es, dass die andern Stämme, welche das Digamma bewahrten, nicht den V-Laut überall damit bezeichneten, sondern *avtos* oder *aftos* hartnäckig mit dem Vokal *v* schrieben [1]. Und zudem

---

[1] Die einzige mir bekannte Ausnahme findet sich in einer lokrischen Inschrift (Curtius Studien II p. 441 ff.), wo Z. 41 Ναϝπακτίων, daneben aber 19 mal Ναύπακτος u. s. w. und überall αὐτός u. Aehnliches geschrieben steht. Dazu ist zu bemerken, dass das α in ναῦς lang war, der Diphthong also mit dem Gewicht auf dem α gesprochen wurde, so dass das nachklingende *v* von dem Schreiber mit dem selbst halbvokalischen Di-

wäre es doch eine ganze principlose und seltsame Rechtschreibung, nachdem man einmal dem *v* nach Vocalen consonantische Geltung gegeben, hiervon bei *ov* wiederum eine Ausnahme, eine Ausnahme also von der Ausnahme, zu machen. Aber die Gegner, statt sich hierauf einzulassen, glauben mit Nachweisungen, dass αv hie und da aus αF entstanden sei, ihre These zu beweisen, obwohl doch handgreiflich auch dieser Beweis von der Art ist, mit welcher man alles und deswegen nichts beweisen kann. Im Spanischen wird aus *civitas cibdad ciudad*, aus *captivus cautivo*, aus *debita debda deuda*. Man wird nun, wenn man consequent ist, behaupten müssen, dass die Spanier *civdad, caftivo, devda* sprächen; und trotz der Behauptung wäre und bliebe doch au eu iu in diesen Wörtern wirklicher Diphthong. Ebenso wie in diesem Punkte, ist das gegnerische Beweisverfahren auch in den andern sehr übereilt. Wenn ein fremder Laut im Griechischen, oder ein griechischer in einer fremden Sprache so oder so wiedergegeben wird, so folgt mit nichten die Identität des griechischen und des fremden Lautes, sondern nur, dass sie in ihren betreffenden Sprachen die einander am meisten entsprechenden waren. Au aber und av sind namentlich vor Vokalen einander ausserordentlich ähnlich; so dass es uns nicht Wunder nimmt, wenn die Griechen das lateinische *Aventinus* auch durch $A\dot{v}εντῖνος$ wiedergaben. Aber wie Scholz selber bemerkt, nicht allein so, sondern auch durch $\text{'}Aοvεντῖνος$ und $\text{'}Aβεντῖνος$, was gerade umgekehrt schlagend beweist, dass keine der drei Bezeichnungen den lat. Laut getreu wiedergab. Wer hätte $αov$ geschrieben, drei Zeichen statt zweier, drei Vokale statt eines Vokales und eines Consonanten, wenn es ihm möglich gewesen wäre bloss mit $αv$ den Laut ganz entsprechend darzustellen? Und so beweist auch das $Ε\overset{\text{ι}}{v}α$ und $Λεv\dot{\imath}v$ der Septuaginta nichts als was wir alle wissen, dass das

---

gamma leichter verwechselt werden konnte. War dies im Gegentheil die dem Laute angemessene Bezeichnung, weshalb denn sonst immer $Ναύπαxτος$? denn von einer erstarrten lokrischen Orthographie wird man doch wohl nicht reden wollen.

ev und das eu vor Vokalen einander sehr nahe stehen; und das immerfort angeführte *Cauneas*, welches dem Crassus durch den Gleichklang mit *cave ne eas* zum Omen wurde, ist vielmehr, wie von Corssen geschehen ¹), für die lateinische Volksaussprache zu verwerten.

Auf diese Weise steht der Aussprache au, eu nichts entgegen; dagegen der neugriechischen ausser den angeführten noch eine Menge andrer Gründe, so dass, wenn Bursian behauptet, keinen Beweis für eine diphthongische Aussprache des αv zu sehen, die Schuld lediglich bei ihm und nicht in der Sache liegen muss. Wenn das v in diesen Verbindungen consonantische Natur hatte, wie ist es dann möglich, dass die Grammatiker dieser Abnormität nie Erwähnung thun? dass umgekehrt Demetrios der Rhetor ²) $E\mathring{v}\iota o\varsigma$ deswegen als besonders wohlklingend bezeichnet, weil es aus lauter Vokalen bestehe? wie ferner, dass die Grammatiker αv und εv als Diphthongen $\varkappa \alpha \tau \grave{\alpha}\; \varkappa \varrho \tilde{\alpha} \sigma \iota \nu$ fassen? dass sie den Accent auf das v legen, auf einen Consonanten?³) dass sie εv circumflektiren, wie in $Z\varepsilon \tilde{v}$ und $\beta \alpha \sigma \iota \lambda \varepsilon \tilde{v}$? dass die Sprache αv und εv auch vor Vokalen als Längen behandelt? Hiess es *Evadne*, wodurch ist dann die erste Silbe lang? *natura?* aber man schreibt ja ε. *Positione?* aber es ist doch nur der eine Consonant. Dass umgekehrt αv und εv gelegentlich auch gekürzt werden, wie in dem äolischen $\alpha \mathring{v} \acute{\alpha} \tau \alpha$ und in $\alpha \mathring{v} \varepsilon \iota \varrho o \mu \acute{\varepsilon} \nu \alpha \iota$ bei Alkman, ist nichts anstössiges, da es ja den Diphthongen mit ι ebensogut widerfährt: es ist dies, wie Curtius in Betreff von Fällen wie $\delta \varepsilon \acute{\iota} \lambda \alpha \widehat{\iota} o \varsigma$ und $\pi o \iota \widehat{\varepsilon} \widehat{\iota} \nu$ ausführt, der Uebergang zum völligen Verschwinden des zweiten Elements. Aber das möge man mir erklären, wie die Ioner und Dorer εο in ευ zusammenziehen konnten: $\varkappa \alpha \lambda \acute{\varepsilon} o \nu \tau \varepsilon \varsigma\; \varkappa \alpha \lambda \varepsilon \widetilde{v} \nu \tau \varepsilon \varsigma$,

---

¹) Corssen I, 136; in der II. Ausgabe p. 314.
²) Demetrios π. ἑρμην. § 69.
³) So sind die Diphthongen (mit Ausnahme von $\alpha\; \eta\; \omega$) auch schon in dem Papyrusfragment des Alkman in der Regel auf dem zweiten Vocal accentuirt, und αυ nicht minder als die übrigen: $\alpha \grave{v} \tau \acute{\alpha}$ 3,17; $\alpha \acute{v} \tau \alpha$ 2,11; $\gamma \lambda \alpha \acute{v} \xi$ 3,19. Allerdings $\check{\varepsilon}\varrho v \tau o \nu$ 1, 9; aber Ausnahmen kommen wie auch sonst vor, $\varepsilon \varrho o \gamma \lambda \varepsilon \psi \acute{\alpha} \varrho \grave{o} \iota$ 1, 21.

γένεος γένευς, wenn es *kalevntes* und *genefs* hiess. Sodann die lateinische Wiedergabe durch au und eu kann nichts beweisen, weil das V im Lateinischen Vokal und Consonant ist. Aber sprach man *Atrefs*, wie kam man dann dazu das Wort nach der zweiten Deklination abzuwandeln: *Atrei Atreo Atreum*? Die Osker hatten die Lautverbindungen av ev ov vor Vokalen und Consonanten, obwohl sie dieselben auch zu au eu ou werden liessen, wie ihre das V vom U unterscheidende Schrift beweist [1]). Wenn sie nun griechische Buchstaben gebrauchten, so schrieben sie ου mit ον und ov mit οϝ oder ωϝ: Λουκανομ, τωϝτο. Also die Osker bezeichneten *tovto* mit τωϝτο; die Griechen selber, wenn sie doch *avtos* sprachen, sollten nicht diese einzig natürliche Schreibung gebraucht haben? — Die Sache hat aber noch eine andre Seite. Wie konnte ein Altgrieche *aftos* sprechen, da doch nach herrschendem Lautgesetz das τ vor sich eine Tenuis verlangt? Wie es nämlich die Neugriechen sprechen können, ist sehr einfach zu beantworten, da dieselben jenes Lautgesetz nicht kennen und umgekehrt die Tenuis in solchen Fällen zur Aspirata werden lassen: ὀχτώ für ὀκτώ, ἑφτά für ἑπτά, κλέφτης für κλέπτης. *Afs* (αυσ) u. s. w. wird nicht einmal im Neugriechischen immer geduldet, sondern in das nächstliegende *aps* (αψ) verwandelt. Wo sind entsprechende Erscheinungen im Altgriechischen? Sagt man, wie einige gethan, dass in diesem nicht af, sondern in allen Fällen av gesprochen sei, so ist das nur ein neues Preisgeben der Grundlage, auf die man sich allein stützt und stützen kann. Und dann die andern abscheulichen und barbarischen Misslaute, welche der feinsten Sprache der Welt auf diesem Wege aufgebürdet werden! *Efkolos* oder immerhin *evkolos* für εὔκολος, *efpator* für εὐπάτωρ; *efkratos*, *efktemon*, *efpraxia*, *efpteros*, *efstrotos*, *pepádevntá* und eine Masse anderes soll hiernach altgriechisch sein. Wohl hat jede Sprache ihre besondern Gesetze des Wohllauts; aber entweder beweise man, dass dem Altgriechischen diese Consonantenhäufungen nicht zuwider waren — und die sämmtlichen Spracherscheinungen

---

[1]) Corssen I, p. 137; II. Augs. p. 315.

weisen direkt auf das Gegentheil — oder man höre auf mit byzantinischen Misstönen den Wohllaut des Attischen zu trüben. Also bei keinem andern Streitpunkte, von η und v abgesehen, steht den Erasmianern eine solche Fülle von Beweisen zur Seite, und es heisst dem Kampfe ausweichen, wenn Bursian gegenüber dem von andern beigebrachten Argumente, dass nach Terentianus Maurus griechisches αv wie latein. au in *aurum* lautete, lediglich bemerkt, dass man ja nicht wisse, wie die Römer ihr au ausgesprochen [1]. Vielmehr musste, wenn man an der neugriech. Aussprache festhielt, nun auch die Consequenz anerkannt werden, dass die Römer *avrum* gesagt; was, soviel ich weiss, noch niemand gewagt hat. Auf Seiten der Gegner aber kehrt eigentlich immer nur das eine Argument wieder: es heisst gegenwärtig und hiess in Byzanz *aftos* und *Atrefs*, und es ist schwer zu verstehen wie das ursprüngliche Digamma erst vokalisirt, dann aber nach Jahrhunderten wieder hervorgetreten sein sollte. Aber das Digamma ist nur in sehr wenigen Fällen das Ursprüngliche, und wenn die umgekehrte Erscheinung in den Sprachen gewöhnlicher ist, daß av zu au und εv zu eu erweicht wird, so fehlt es doch auch nicht an Beispielen für die Verhärtung des Vokals zum Consonanten. So führt Diez als altportugiesische Formen *absteridade* und *captela* für *austeridade* und *cautela* an, und wenn ferner der Uebergang von al in au auf romanischem und auch griechischem Gebiete etwas allbekanntes ist, so giebt es wiederum im florentinischen Dialekte auch Formen wie *aldace* und *galdere* für *audace* und *gaudere* [2]. Wann und mit welchen Zwischenstufen im Griechischen der Uebergang von au in av erfolgt sei, das gestehe ich nicht zu wissen. In einer altionischen Inschrift lesen wir *AFYTO* (αv-$\tau o \tilde{v}$) [3] — was Bursian in Ermangelung besserer als zweifelloses Zeugniss für seine Sache gilt — und auf böotischen *Ba-*

---

[1] L. c. p. 188.
[2] Diez Gramm. I, p. 150.
[3] Franz Elem. nr. 44.

κευϝαι und Ευϝαρα[1]); also hatte der Diphthong in diesen Dialekten einen consonantischen Beiklang. Ferner das Ναϝπακτίων der lokrischen Inschrift, welches ich schon anführte. Umgekehrt lesen wir auf einer Inschrift von Amphipolis φεογειν und ϛεογετω, und anderwärts Εοπαμονος für Εὐπάμονος, αοτους und ταοτα für αὐτοί'ς und ταῦτα[2]); also hier ist das zweite Element des Diphthongen durch den zweifellosen Vokal o ersetzt. Sodann giebt es für ἕβδομος und ἑβδομήκοντα böotische und sonst dialektische Nebenformen εὔδομος und εὐδομήκοντα[3]), und dazu stellt sich ρανδος oder ραντος für ῥάβδος auf ägyptischen Papyrus; wofür ich natürlich lediglich auf spanisches *cautivo* und *ciudad* verweise. Attische und sonstige Inschriften aus der Kaiserzeit schreiben ἀτός, ἐπισκεάζω; was nach Bursian nur so zu verstehen ist, wenn man *aftos* und *episkevazo* sprach. Ich kann nicht einsehen, weshalb nicht *atós* auch aus *autós* hervorgehen konnte[4]). Das ist es, was ich für die Geschichte dieser Diphthongen aus älterer Zeit beizubringen weiss.

Eine Position bleibt nun den Neugriechen noch übrig, in der sie sich besonders sicher wähnen, das sind die Consonanten. Schade nur, dass ihr Vertheidiger Scholz selber sie in einem recht wichtigen Punkte preisgiebt, ich meine beim φ, dessen wesentlichen Unterschied von f, mit welchem es jetzt gleich klingt, allerdings Quintilian mit allzudeutlichen Worten hervorhebt[5]). Aber hiermit ist es auch schon um die neugriechische

---

[1]) Ahrens I, p. 171. Ἀριστεύϝοντα auf einer kerkyräischen Inschrift nach der Emendation von Ross (J. J. 69, p. 546); der Stein hat αριστευτοντα.

[2]) Franz l. c. p. 187; Ross l. c. p. 523.

[3]) Ahrens I, p. 174.

[4]) Ueber die gleiche Erscheinung in der spätlateinischen Volkssprache (Agustus, Cladius) vgl. Corssen I, p. 664 (II. Ausg.) welcher darin griechischen Einfluss wahrnimmt. Auch im Spanischen ist aus Augustus Agosto, aus Caesaraugusta Zaragoza geworden; wie im Italienischen Metaro und Pesaro aus Metaurus und Pisaurum.

[5]) Quintilian XII, 10, 27 f.

Aussprache der übrigen Aspiraten geschehen. Wie dieselben gelautet haben mögen, will ich hier nicht untersuchen, und nur die in neuerer Zeit vorgebrachten Theorien anführen, nach deren einer, der von G. Curtius, $\varphi \chi \vartheta = $ p + h, k + h, t + h, nach der andern dagegen, die Raumer und neuerdings W. Roscher aufgestellt[1], = p + f, k + ch, t + th gelautet haben. Auf alle Fälle war der Laut des φ ein sehr weicher, wie ihn der Römer beschreibt; was doch eigentlich auf unser pf sehr wenig passt. Auch die Mediae sprechen wir kaum richtig, da sie ja, wie der Name angiebt, auch etwas von Aspiration in sich hatten, unser bgd dagegen schlechterdings tenues im eigentlichen Sinne dieses Wortes sind. Dass diese Aspiration schwach war, beweist die Schreibung der Römer, für ihr Vorhandensein aber ist auch das Neugriechische anzuführen, welches β wie v und δ wie weiches th ausspricht, so dass gerade wie bei den Aspiraten umgekehrt der hauchlose Bestandtheil des Lautes verloren gegangen ist. Die Wahrheit liegt also hier einmal genau in der Mitte. Denn dass altgriechisches β dem latein. v gleich gelautet hätte, wird durch das $B\alpha\lambda\acute{\epsilon}\varrho\iota o\varsigma = $ Valerius u. s. w. so wenig bewiesen, dass vielmehr gerade aus der griechischen Wiedergabe des latein. V das Gegentheil hervorgeht: niemals hätten die Griechen zu der lästigen Umschreibung durch ov gegriffen, noch solche Ungeheuerlichkeiten wie $\Phi o\lambda o\acute{v}\iota o\varsigma = $ Fulvius und $\varLambda\alpha\iota o\acute{v}\iota o\varsigma = $ Laevius zugelassen, hätten sie in dem β einen völlig oder fast völlig entsprechenden Laut gehabt. Auch bemerkt Dionysios von Halikarnass, dass β so gut wie π und φ mit zusammengepressten Lippen ausgesprochen werde[2]; wo es spasshaft ist die Erklärung von Bloch zu lesen: man hätte die Lippen geschlossen, als wollte man b sagen, alsdann aber mit unveränderter Stellung der Lippen v gesagt. — Ueber die tenues herrscht kein Streit, obgleich die neugriechische Aussprache auch hier ihre Besonderheiten hat, insofern $\varkappa \tau \pi$ nach einem Nasal wie unsre Mediae lauten; daher wird neugriechisch

---

[1] Curtius Studien II p. 120 ff.
[2] Dionys. de compos. p. 83 R.

das d b g fremder Wörter auch im Anlaut mit ντ μπ γκ geschrieben. Dass im Altgriechischen entsprechendes stattgefunden, glaube ich zunächst noch nicht; denn die constante römische Schreibung spricht dagegen. Die hellenisirten Aegypter übrigens, wie ihre Papyrus zeigen, verwechselten τ und δ und schrieben namentlich gern das erstere für das letztere: ἄντρα, εὐτοξία u. s. w., was in der Natur der nationalen ägyptischen Sprache begründet gewesen sein muss. — Ferner das ϱ hatte, wie die Aspiration beweist, gleichwie im Spanischen einen doppelten Laut, einen harten am Anfange der Wörter und in der Verdoppelung, und einen weichen in den übrigen Fällen. — Das Σ hat im Neugriechischen immer den scharfen Laut, mit der einzigen Ausnahme, wenn es vor weichen Consonanten oder dem μ und ϱ steht, und für die Weichheit des altgriechischen σ vor β und μ sprechen auch die Schreibungen Ζμύρνα und ζβεννύναι, in deuen ζ nichts anderes als den weichen Laut bezeichnen kann. Umgekehrt kann man eben hieraus die sonstige Schärfe des Σ wenigstens im Anlaut folgern, welche übrigens auch sonst, nach der Analogie aller romanischen Sprachen, nicht zu bezweifeln ist. Im übrigen möge die Sache hier dahingestellt bleiben, da auch im Lateinischen die Aussprache dieses Buchstabens dunkel genug ist. Erwähnenswert ist nur noch die Schreibgewohnheit alter nichtattischer Inschriften, das σ im Inlaut vor τ doppelt zu setzen: Ἀρισστοφάνης, Τελέσστας: was Böckh zu der Meinung veranlasst hat, diese Dialekte hätten hier den Laut unsers sch auf diese Weise ausdrücken wollen. Doch statt dieser sehr bedenklichen Annahme möchte ich die einfachere Erklärung vorziehen, dass man hier ein doppeltes σ wirklich sprach: weder ari-stos noch aris-tos sondern aris-stos; womit in Zusammenhang zu bringen wäre die Erscheinung in den Papyrus des Hypereides, dass in diesen Fällen die Silbentrennung schwankt und in der einen Handschrift ἔσ-τω, in der andern ἔ-στω geschrieben wird. — Von den Doppelconsonanten sprechen wir ζ nach deutscher Weise wie ts, was ohne Zweifel falsch ist, schon deswegen weil zusammentreffendes τσ im Griechischen nie geduldet, sondern zu σ vereinfacht wird. Aber ebensogut widerspricht die neugriechische Aussprache wie einfaches weiches s den vorliegenden Thatsachen, nach denen ζ unzweifelhaft ein aus σ und δ entstandener Doppellaut war. Und zwar reden Sextus Empiricus und Dionysios von Halikarnass [1]) ausdrücklich von einer Zusammensetzung aus σ und δ, nicht umgekehrt. Wie nun der Laut gewesen (denn ganz gleich σδ, welches dialektisch an die Stelle von ζ tritt, war er gewiss nicht), weiss ich nicht anzugeben; Dionysios schreibt ihm, wie dem δ selbst, eine mässige Aspiration zu [2]). Gegen Curtius, der die Aussprache wie dz d. h. d + weichem s für die richtige hält, muss das angeführt werden, dass es wol kaum eine Sprache, gibt die ts beseitigte und dabei dz zuliesse, während doch eine genaue Analogie zwischen diesen Lauten besteht. — Die Römer behalfen sich, ehe sie das Zeichen aufnahmen, mit s oder ss (sona, comissari, tarpessita u. a. m., vgl. auf späteren Inschr. Σώπυρος); was natürlich keine entsprechende Wiedergabe ist. Später schrieben sie auch di (Amadiones u. s. w.), zu einer Zeit, wo das latein. di vor Vokalen sich schon nach romanischer Weise assibilirt hatte, und nun auch umgekehrt z für di, vgl. Corssen I, p. 77 und 123. Die Italiener endlich sprechen z in allen griechischen Wörtern wie ds. — Ich glaube nicht, dass wir über diesen eigenthümlich griechischen Laut jemals ganz ins Klare kommen.

Es steht also, was ich darlegen wollte. mit der Aussprache der Consonanten nicht viel anders als mit der der Vokale, indem das Neugriechische auch hier ein völlig unzuverlässiges Zeugniss ist. Die feine Aussprache der griechischen Consonanten und ebenso der Vokale ist weder bei jenen noch bei uns.

---

[1]) Sext. Emp. adv. math. I, 5, 103; Dionys. de compos. p. 78.
[2]) Ibid. p. 81 f.: τριῶν δὲ τῶν ἄλλων γραμμάτων, ἃ δὴ διπλᾶ καλεῖται, τὸ ζ μᾶλλον ἡδύνει τὴν ἀκοὴν τῶν ἑτέρων. τὸ μὲν γὰρ ξ διὰ τοῦ κ, τὸ δὲ ψ διὰ τοῦ π τὸν συριγμὸν ἀποδίδωσι, ψιλῶν ὄντων ἀμφοτέρων; τοῦτο δὲ ἡσυχῇ τῷ πνεύματι δασύνεται, καὶ ἔστι τῶν ὁμογενῶν γενναιότατον.

und wir werden wohl auf eine solche völlig verzichten müssen.
Jedoch ist damit nicht gesagt, dass wir nun auch gar keine Reformen zulassen sollten; sondern wo wir erweislich falsch sprechen und wo der wirkliche Laut sicher zu ermitteln und ferner leicht nachzuahmen ist, können oder sollen wir eine Berichtigung eintreten lassen. Diese drei Bedingungen treffen nun freilich bei keinem Consonanten völlig zu, auch nicht bei dem ζ, obwohl es vielleicht wünschenswerth ist, dass wie Curtius verlangt, statt ts ds gesprochen werde. Denn wäre dies auch in der That nicht der wahre Laut, so stände er doch demselben auf jeden Fall näher als das ts. Bei ϑ wissen wir den wahren Laut nicht, und wollten wir den neugriechischen annehmen, was praktische Vortheile hat und in der Consequenz liegt, da ja auch φ wie f und χ wie ch gesprochen werden, so kämen wir dadurch der wahren Aussprache kaum viel näher und hätten soviele Schwierigkeiten bei der Durchführung, dass jene Vortheile mehr als aufgewogen würden. Σϑένος und λέγεσϑαι bringt auch die geübteste Zunge nicht mit dem englischen Laut hervor. Günstiger steht die Sache bei den Vokalen: hier scheint mir die Aussprache von ει wie ei sowie die von ευ wie eu oder eü (statt, wie wir jetzt sprechen, oi) sowohl annähernd richtig als auch durchaus wünschenswert und nicht allzu schwer, und dieselbe Berechtigung und denselben Nutzen ohne grössere Schwierigkeiten hat auch die Aussprache des ᾳ ῃ ῳ mit nachklingendem i. Weiter aber ist gar nichts zu ändern. Unsere Aussprache ist in allen andern Punkten des Vokalismus fest genug begründet als die wenigstens annähernd wahre und echte nicht etwa nur der homerischen Zeit, sondern der gesammten Blütezeit der griechischen Nation. Ist aber dies, so weiss ich nicht, weshalb wir die Aussprache einer späteren Zeit uns angewöhnen sollten. Läge die Sache so, dass wir genau wüssten, wie Aristarch und Dionysios von Halikarnass, dagegen nicht genau, wie Demosthenes und Platon gesprochen haben, so könnte man mit gutem Recht die alexandrinische oder augusteische Zeit massgebend sein lassen; nun aber steht es vielmehr umgekehrt, und wir haben eigentlich nur die Wahl zwischen

Byzantinern und Attikern. Wem kann es nun zweifelhaft sein, dass wir die byzantinischen Schriftsteller, wenn wir sie lesen, in attischer Weise, und nicht die attischen, welche wir lesen, in byzantinischer Weise auszusprechen haben? Am Schluss seiner Abhandlung macht Scholz noch einen besondern praktischen Vorschlag: es möchten gebildete Neugriechen an unsern Gymnasien auf Staatskosten eine Rundreise machen, um die Lehrer in der wahren und feinen griechischen Aussprache und in den subtilen Modifikationen des i, an die ich immer noch nicht recht glauben kann, zu unterrichten [1]). Ohne irgend zu besorgen, dass diese Massregel jemals wirklich zur Ausführung kommen werde, gestatte ich mir doch noch einige Bemerkungen gegen den Vorschlag. Die Neugriechen, die an unsre Gymnasien als Lehrer der Lehrer kämen, würden undankbarere und widerstrebendere Schüler haben als sonst irgendwo zu finden sind. Es würde den Schülern vor allem das fehlen, was eine Grundbedingung von jedem gedeihlichen Unterrichte ist, das Bewusstsein von der Ueberlegenheit des Lehrenden. Käme der Mann als Lehrer der neugriechischen Aussprache, dann allerdings hätte ich dies Vertrauen zu ihm; wollte er aber die des Altgriechischen mich lehren, so könnte ich ihm rundweg erklären, dass er davon nicht das Geringste verstehe und auch nie im Stande sei etwas davon zu verstehen, weil sein nationales Vorurtheil ihm in dieser Sache jede Sehkraft auch für noch so klar vorliegende Thatsachen genommen habe [2]). Weit entfernt, im Punkte der

---

[1]) Einen ähnlichen Antrag hat auch in Frankreich neuerdings die Association pour l'encouragement des études grecques bei dem Minister des öffentl. Unterrichts eingereicht: es möchte an der Normalschule ein hellenischer Lehrer zu diesem Zwecke angestellt werden. — D'Eichthal l. c. p. 3.

[2]) Deswegen, fürchte ich, wird es auch ein pium desiderium bleiben, wenn Eichthal die Neugriechen auffordert die Fehler ihrer Aussprache zu untersuchen und zu verbessern und so auch das Ihrige beizutragen, damit eine einheitliche Aussprache des Griechischen in der ganzen civilisirten Welt herbeigeführt werde. Der neugriechischen Sprache freilich, die in Bezug auf Grammatik sich schon so viel hat gefallen lassen, liesse sich vielleicht auch hierin manches noch aufnöthigen.

richtigen Aussprache gegen die Neugriechen im Nachtheil zu sein, sind wir gerade hier ihnen gegenüber in der Ueberlegenheit, die der Vorurtheilslose und Uninteressirte dem von vornherein hartnäckig Eingenommenen gegenüber stets besitzt. Mit den Neugriechen lässt sich daher auch nicht rechten und streiten; uns Deutschen aber geziemt es, ihnen nicht nachzuahmen, sondern ruhig und klar die Thatsachen ins Auge zu fassen. Wenige Worte füge ich noch hinzu gegenüber den Forderungen, welche Prof. Bursian in der Frankfurter Philologenversammlung vom J. 1861 unter nicht geringem Beifall gestellt hat. Bursian ist für die Erasmianer ein sehr achtbarer Gegner, um so mehr, als er bereitwillig wo es ihm nöthig scheint Zugeständnisse macht und nicht nur η und v wie $\bar{e}$ und y, sondern auch $\varepsilon\iota$ wenigstens bei Attikern als ei und $o\iota$ nicht wie i sondern wie ö ausgesprochen wissen will. Bei ihm allein findet man auch nicht die traditionellen reuchlinianischen „Beweise", die allmählich doch wirklich anekeln müssen, sondern meistentheils achtbare, wenn auch nach meiner Meinung nicht immer zutreffende Gründe. Aber ich glaube, es heisst hier: entweder — oder; entweder genau nach der Schrift, oder genau nach der Tradition; denn wenn man Mittelwege zulässt, so nimmt die Verwirrung immer mehr überhand, und der eine macht sich dies System, der andere jenes. Und ich meine, es kommt hier neben dem Wissenschaftlichen und Richtigen auch [das Praktische stark in Frage; unsre Aussprache wird doch immer barbarisch sein, und wir haben nicht zu befürchten, dass eines Tages die alten Hellenen auferstehen und uns über die Verhunzung ihrer schönen Sprache zur Rechenschaft ziehen.